To Tede Matthews,
who loved storytelling.

The Storyteller's Series

Viajes fantásticos
Ladrón de la mente

THE STORYTELLER'S SERIES

LADRÓN DE LA MENTE

SECOND EDITION

ELÍAS MIGUEL MUÑOZ

Boston   Burr Ridge, IL   Dubuque, IA   Madison, WI
New York   San Francisco   St. Louis
Bangkok   Bogotá   Caracas   Lisbon   London   Madrid   Mexico City
Milan   New Delhi   Seoul   Singapore   Sydney   Taipei   Toronto

McGraw-Hill Higher Education ℞

A Division of The **McGraw·Hill** Companies

This is an ⌶⌷⌶ book.

Ladrón de la mente

3 4 5 6 7 8 9 0   FGR FGR   0 9 8 7 6 5 4 3

ISBN 0-07-232617-4

Vice president/Editor-in-chief: *Thalia Dorwick*
Executive editor: *William R. Glass*
Senior development editor: *Scott Tinetti*
Development editor: *Ina Cumpiano*
Senior marketing manager: *Karen W. Black*
Project manager: *Richard DeVitto*
Production supervisor: *Pam Augspurger*
Designer: *Vargas/Williams Design*
Cover designer: *Vargas/Williams Design*
Cover illustrator: *Don Baker*
Photo research coordinator: *Nora Agbayani*
Compositor: *Eisner/Martin Typographics*
Printer: *Quebecor Printing Fairfield, Inc.*

Grateful acknowledgment is made for use of the following photographs:
Page 22 (top and middle) © A. G. E. FotoStock; *22 (bottom)* © Chip and María de la Cueva Peterson; *23 (top)* © A. G. E. FotoStock; *23 (middle)* Art Resources; *23 (bottom)* © Jon Bradley/Tony Stone Images; *24 (top)* © Peter Menzel; *24 (bottom)* © Owen Franken; *53 (top)* Dalí, Salvador, *The Persistence of Memory*; 1931. Oil on canvas, $9\frac{1}{2} \times 13$". The Museum of Modern Art, New York. Donated anonymously; *53 (bottom)* © Esbin-Anderson/The Image Works; *105* Archive Photos; *106 (top and bottom)* © Robert Frerck/Odyssey Productions; *128 (top)* © Peter Menzel; *128 (middle)* © A. G. E. FotoStock; *128 (bottom)* © Peter Menzel; *129 (top)* © Polly Hodge; *129 (bottom)* El Greco, *View of Toledo*, circa 1597, $47\frac{3}{4} \times 42\frac{3}{4}$". The Metropolitan Museum of Art, The H. O. Havermeyer Collection, Bequest of Mrs. H. O. Havermeyer, 1929. (29. 100. 6).

Library of Congress Cataloging-in-Publication Data
Muñoz, Elías Miguel.
    Ladrón de la mente / Elías Miguel Muñoz.—2nd ed.
        p. cm.
    Prefatory material in English.
    Includes bibliographical material.
    ISBN 0-07-232617-4
        1. Spanish language—Readers. I. Title.
        PC4117.M85 1999
        468.6'421—dc21

                                                    99-048149

http://www.mhhe.com

Contents

Preface

Pleasure Reading

Pleasure reading is without a doubt one of the most effective means of helping students improve in a second language. There is overwhelming evidence that reading for pleasure is highly beneficial for language acquisition and literacy development. Research studies have shown that those who read more read better, write with a more sophisticated style, have larger vocabularies, spell more accurately, and have a deeper understanding of complex grammatical structures. In fact, research strongly suggests that time spent pleasure reading is more beneficial for language development than time spent in direct instruction.[1]

Pleasure reading has numerous other benefits. It is an important source of knowledge and ideas. Studies show

---

[1]For a review of the research on the benefits of reading, *see* Krashen (1993), *The Power of Reading.* Englewood, Colorado: Libraries Unlimited.

that those who read more know more.[2] By definition, pleasure reading is also very enjoyable. According to Mihaly Csikszentmihalyi, a researcher in psychology at the University of Chicago, this type of reading induces a state of "flow," deep but effortless involvement, in which the concerns of everyday life disappear. Flow, in turn, induces "enjoyment," which, Csikszentmihalyi argues, is different from physical or biological pleasure. Although flow can result from a number of activities, reading "is currently perhaps the most often mentioned flow activity in the world."[3]

One objection that has been raised against free pleasure reading is that it is too much fun. In his report of a successful "book flood" program in Singapore, Elley reported that, in some of the groups he studied "teachers, principals, and parents expressed concern that children were merely enjoying themselves, rather than learning. Indeed, a few teachers dropped out for such reasons. The assumption that language learning must be hard work is strong in many cultures."[4]

Another objection is the fear that, if students are allowed to read what they like, they will not read material of high quality; instead, they will stick with "trash." The small amount of empirical research available on this topic does not confirm such an assumption: Schoonover reported

[2]Research reviewed in Krashen (1990). *How Reading and Writing Make You Smarter, or, How Smart People Read and Write*, J. Alatis (Ed.), Georgetown University Round Table on Languages and Linguistics, 1990 (364–376). Washington, D.C.: Georgetown University Press.
[3]Csikszentmihalyi, M. (1990). *Flow: The Psychology of Optimal Experience.* New York: Harper Perennial.
[4]Elley, W. (1991). "Acquiring Literacy in a Second Language: The Effect of Book-Based Programs." *Language Learning, 41,* 375–411.

that children who do extensive free reading eventually choose what experts have decided are "good books."[5]

In addition, the very notion of quality literature can be questioned. Nell found positive correlations between merit ratings and difficulty ratings of texts, suggesting that subjects were making their merit judgments based on the difficulty of a given text; those texts that were harder to read were considered better quality.[6]

For those concerned about the relationship between reading for pleasure and the study of literature, we have good news: Reading for pleasure may lay the foundation for the appreciation of literature. A group of researchers (Davis, Kline, Gorell, and Hsieh) recently investigated predictors of positive attitudes toward literature among students enrolled in sixth-semester foreign language literature classes. Leisure reading was one of the strongest predictors. Those who had done more leisure reading in a foreign language reported more positive attitudes toward the study of literature.[7]

Pleasure reading may be part of the bridge that the foreign language teaching profession has been looking for between beginning language courses and the study of literature. A student who has read extensively for pleasure will be much better prepared for more difficult input.

Our challenge is to provide beginning language students with reading that is both pleasurable and comprehensible. It is fairly easy to satisfy one of the two requirements of pleasure and comprehension, but not both.

[5]Schoonover, R. (1938). "The Case of Voluminous Reading." *English Journal*, 27, 114–118.
[6]Nell, V. (1988). *Lost in a Book*. New Haven: Yale University Press.
[7]Davis, J., Kline, R., Gorell, L., and Hsieh, G. (1992). "Readers and Foreign Languages: A Survey of Undergraduate Attitudes Toward the Study of Literature." *Modern Language Journal*, 76, 320–332.

Interesting readings are readily available; the real world is full of good books. Comprehensible readings are also easy to find; beginning language textbooks, for example, are full of accessible practice materials. But *authentic* readings are usually not comprehensible to language students, and the comprehensible readings we usually find in textbooks are not always interesting.

The Storyteller's Series provides students of Spanish with comprehensible reading material and hopes to inspire in them the desire to read more. The stories in this series take advantage of the principle of *narrow input*, the idea that comprehension and thus language acquisition increase when the reader reads a great deal in one area, on one topic, or reads works by a single author. Instead of short passages or brief excerpts, these readers provide students with full-length novellas. Because of the familiar context provided by the novellas, such long texts are much more comprehensible, and therefore result in more language acquisition.

How to Use *The Storyteller's Series*

The best way to use this series is as leisure reading. No prereading activities are necessary; prereading activities are only needed when the text facing the student is too difficult or when he/she lacks necessary background information. But readers don't need special background knowledge in order to follow the stories in *The Storyteller's Series*. Also, because these texts are designed to be read for *pleasure*, students should not feel "forced" to read them. If the story a student is reading is too difficult, if there are too many unknown words *(see below)*, then the student should not be reading that story. We recommend that he/she first read something easier and try the story later.

Activities are provided for each story at the back of the book and are meant to be done after students have read each part of the novella. These activities were not designed as comprehension-checking exercises, nor were they supposed to reinforce grammar or vocabulary; rather, they were written to help stimulate interesting discussion of the meaning of the story and to relate its themes to the students' lives. In other words, these **Actividades** treat the texts as literature, not as pedagogical exercises. Through classroom discussion, students will get additional comprehensible input and deepen their appreciation for what they have read.

No comprehension checking is necessary. When reading is meaningful, the act of reading itself provides its own comprehension check. If the story makes sense, the reader is clearly understanding it.

Nor are there vocabulary exercises in *Ladrón de la mente* or the other *Storyteller's* books. Research has shown that preteaching vocabulary before reading is of doubtful value, and we expect students to *acquire* vocabulary as they read. Studies indicate that each time we see an unfamiliar word in print, we acquire a small portion of its meaning, eventually building up to the full meaning of the word.

We recommend that when students encounter an unfamiliar word, they first try to skip it. Ironically, this practice will result in more vocabulary acquisition, not less. If readers skip unknown words they will read more, and acquire more words from context; if they stop to look up every new word they will read less, and, of course, reading will then become a tedious activity devoid of the pleasure we are trying to induce.

When a word cannot be skipped because it is truly essential to the meaning of the passage, we encourage students to *guess* at the word's meaning. If the student guesses correctly, the text will make sense. If the student guesses incorrectly, the text will probably not make sense and the student will guess again. In those cases where guessing doesn't work and a word is essential, the student can look it up in the glossary provided at the end of this book or in a dictionary. We anticipate that this will not happen very often in our series.[8]

Reading can be done in class or as homework. Some instructors prefer to set aside five to ten minutes per period for "sustained silent reading" and/or to read the initial portions of the stories out loud to students in class. This in-class reading helps to get the students involved in the text and to whet their appetites for reading at home.

Our hope is that readers of *The Storyteller's Series* will be reading for pleasure in Spanish long after their courses end. If they continue to read, they will continue to improve their language abilities, whether native speakers are available to them or not. In addition, they will gradually gain a deep appreciation for another culture while engaging in an activity that is profoundly enjoyable.

Changes to the Second Edition

The revision of this novella was a thorough one that incorporated many exciting suggestions by readers and adopters. The rewritten text has retained the essence of the first-edition story. Its main objective, as before, is to provide a pleasurable reading experience. But *Ladrón de la mente* now features material that is even more readable and thought-provoking. Numerous subtle changes were made,

---

[8]The strategy recommended here is for use in extensive reading, not intensive reading. In intensive reading, readers cannot risk skipping words. The strategy of skipping words, then guessing, is ideal, however, for extensive pleasure reading; it explains why leisure reading is such a good way of building vocabulary knowledge and developing other aspects of language and literacy competence.

as well as some major ones. The most important changes are as follows.

The Characters

- **Marisol.** She is stronger, more in touch with her feelings and doubts. Marisol also reveals more of herself in the early part of her story, allowing the reader to connect with her affectively from the beginning. The protagonist is now keenly aware of the "melodramatic" turns of her life and comments on them. For instance, she ironically compares herself to Don Quijote's Dulcinea and to the character in *Damsel in Distress*, an interactive computer game.
- **Alfonso.** He is a more seductive character who reveals his "hidden agenda" gradually. Alfonso manages to disguise his true identity for a longer period of time and seduces Marisol like an experienced lover. The newly revised story underlines the connection between the myth of Don Juan and the womanizer type that Alfonso represents.
- **Javier and Rocío.** These secondary characters were given more in-depth development. Javier's presence is now felt strongly throughout the story, and Rocío provides a refreshing closure to the chronicle of the Mind Thief.

The Novella

- **Marisol's Story.** The story is essentially the same: Marisol narrates her experiences in diary form. But now she allows more narrative space for the other characters to voice their opinions and feelings. And she is successful in her efforts to tie up loose ends, such as what happens between Rocío and Carmen after Marisol enters the picture.
- **Technology.** The computer technology has been updated. Marisol surfs the Web and describes her work environment in more detail. She also defines herself as

an avid reader of science fiction, making some interesting connections between that popular genre and her own story.

- **The New Titles.**   Some part titles have changed: **Parte III, La bienvenida**, became **La escogida** because the **sociedad** that previously welcomed Marisol no longer exists, and because Marisol really is the "chosen one" in Alfonso's design. And **Parte V, La sociedad de las soñadas**, is now **La aventura**, emphasizing the "adventure" aspect of the story, which is now elaborate and exciting.
- **History.**   The historical elements now figure more prominently in the story and are also featured in the **Actividades**. For example, the confrontation between the Moors and the Spanish monarchs is underlined within Alfonso's chronicle. And Marisol questions the motives behind the "cleansing wars" that resulted in the expulsion of the Moors from the Iberian Peninsula in 1492.
- **The Ending.**   Some readers observed that the ending was too abrupt. It now develops gradually and naturally, starting in an earlier passage. Also, Alfonso's story features a new twist—a detail he left out the first time he told it!—that makes his ultimate demise believable and compelling.
- **Activities.**   All activities have been revised. They continue to provide historical and cultural information and to present engaging topics. But they are now more personalized, and new activities were written to reflect changes in the story, such as the added focus on Arabic culture.

Es un sueño la vida,
pero un sueño febril[1]...

Gustavo Adolfo Bécquer,[2]
«Rima LXXXIX»

... serán[3] *ceniza,*[4] *mas tendrá sentido;*[5]
polvo[6] *serán, mas polvo enamorado.*

Francisco de Quevedo,[7]
«Amor constante más allá de la muerte»

---

[1]*feverish, passionate*   [2]Gustavo Adolfo Bécquer (1830–1870), popular Spanish poet from Seville. *Rimas,* a collection of his work, which first appeared in newspapers and magazines, was published after his death. The poems are short and simple, and use images from nature to explore various themes, especially love.   [3]*Editor's note:* **Serán,** which in English means *will be,* is an example of the future tense. The future tense in Spanish is usually formed by adding a special set of endings (**-é, -ás, -á, -emos, -éis, -án**) to the infinitive form of the verb. Thus, *I will go* is **iré** (**ir + -é**), *you will see* is **verás** (**ver + -ás**), and so forth. Irregular future-tense verbs are glossed in this book.   [4]*ashes* [5]mas... *but (love) will have meaning*   [6]*dust* [7]Francisco de Quevedo (1580–1645), satiric poet, novelist, and author of philosophic treatises and political essays. Quevedo's influence is still apparent in contemporary fiction and his picaresque novel *La vida del buscón* (*The Life of a Small-time Thief*) is famous internationally.

Índice

Aclaración previa[8]

La historia que se narra en este libro está basada en las páginas de mi diario; son apuntes[9] que tomé durante siete meses. Cuando comencé a escribir, no podía imaginarme ni remotamente lo que me iba a ocurrir. La historia personal de Marisol Guardiola, mi diario, terminaría[10] siendo la crónica de una experiencia extraordinaria.

¿Qué me motivó a escribir un diario? Quería aclararme a mí misma algunas ideas, explorar ciertos temas que me

---

[8]*Editor's note:* This story is narrated by a Spanish character and features contemporary Castilian Spanish. The text is rich in grammatical structures, vocabulary, and idiomatic expressions that are commonly used in Spain. For example, the **vosotros** verb form appears throughout: **escuchad (escuchen); estáis (están); ¿pensáis ir? (¿piensan ir?); os traigo (les traigo).**

Another common variation you will find is the use of object pronouns. In Spain, the indirect object **le** often, but not always, replaces the direct object pronouns **lo** and **la**. This is known as **leísmo.** There are several cases of **leísmo** in this story, mainly in dialogues. Here are just a few: **le llamo (la llamo); le conozcas (lo conozcas); le quieres (lo quieres).** Although such peculiarities are well-known to most native speakers, they might seem odd to non-native readers. Your comprehension of the story should not be affected by these usages.

[9]*notes*   [10]*Editor's note:* **Terminaría,** which in English means *would end up,* is an example of the conditional tense. The conditional tense conveys the meaning *would do (something)* and is generally formed by adding a special set of endings (**-ía, -ías, -ía, -íamos, -íais, -ían**) to the infinitive of the verb. Thus, I would go is **iría (ir + -ía),** you would be is **serías (ser + -ías),** and so forth. Irregular conditional verbs are glossed in this book.

estaban inquietando.[11] Eran temas en los que mucha gente piensa: el amor, el matrimonio, el éxito, la independencia personal. Empecé narrando cosas íntimas, bastante típicas en comparación con las que tendría que[12] contar después. A medida que escribía, mis apuntes se fueron transformando en una novela. Y yo me convertí en protagonista de una historia fantástica.

Me siento afortunada de poder dar a conocer mi testimonio. Al preparar el manuscrito, me tomé la libertad de agregar algunos datos personales. También dividí los apuntes en cinco «partes» y varios capítulos. Les puse título a todas las partes y eliminé las fechas. Construí mi libro pensando en ustedes, los lectores.

Aquí les ofrezco el resultado de siete largos meses de vivencias.[13] Los invito a leer los datos, a presenciar las simulaciones. Los invito a compartir mi aventura.

Todo comienza un primero de enero...

---

[11]que... *that I was concerned about* [12]tendría... I *would have to*
[13]*personal experiences*

Banco de datos

Capítulo 1

*V*oy a comenzar el primer diario de mi vida, pues quiero recibir este Año Nuevo haciendo algo diferente. Además, tengo algunas ideas que quisiera[1] aclararme a mí misma, y dicen que las ideas se aclaran cuando una las escribe. He decidido[2] escribir a mano, en vez de usar mi ordenador[3] personal. Espero tener así un contacto más directo con mis palabras y mis sentimientos.

Primero, algunos datos personales. Lo básico: Nací en Madrid hace veintiocho años. Cuando me miro al espejo, veo una mujer de tez[4] blanca y cabello negro, más bien alta. Trato de vestir con elegancia para trabajar, aunque me siento más cómoda con pantalones tejanos.

Me gusta mi empleo. Trabajo en el Centro de Informática Siglo XXI, una compañía que está en Madrid, en el Paseo de la Castellana. Soy analista de informática,[5] aunque el puesto que tengo es de traductora en el Departamento de

---

[1]*I would like*   [2]*Editor's note:* **He decidido,** which in English means *I have decided*, is an example of the present perfect tense. The present perfect conveys the meaning *to have done (something)* and is created by combining the appropriate present-tense form of the auxiliary verb **haber** (*to have:* **he, has, ha, hemos, habéis, han**) with the past participle of the main verb. The past participle is formed in most instances by adding **-ado** to the stem of **-ar** verbs, and **-ido** to the stem of **-er** and **-ir** verbs. Thus, *they have talked* is **han hablado,** *you have eaten* is **has comido,** and so forth. Irregular past participles are glossed in this book.   [3]computadora (*Spain*)   [4]*complexion*   [5]*computer science*

Nuevos Programas. Traduzco al español el *software* que el Centro importa, específicamente programas en inglés y francés, idiomas que entiendo bien.

El Centro contiene sistemas sofisticados y una unidad principal[6] muy poderosa.[7] Hemos atraído a importantes clientes: bancos, empresas[8] privadas, una cadena de televisión y varios departamentos del gobierno español. El lema[9] de nuestra compañía dice la verdad: *¡Estamos informatizando[10] a España!*

Vivo en Madrid. Comparto un piso[11] con mi hermana Rocío en la calle Alcalá, esquina con Goya. Nuestros padres residen en Móstoles, un pueblo a unos quince kilómetros de la capital.

Rocío es tres años menor que yo, aunque es muy madura para su edad. Estudia psicología en la Universidad Complutense y se considera una psicóloga «ecléctica». Ha leído mucho a Freud[12] y admira a Jung,[13] pero prefiere las ideas de otros psicólogos más recientes. En el poco tiempo que tiene libre, Rocío hace trabajo voluntario como consejera[14] en la Casa del Bienestar, una clínica donde atienden a personas de pocos recursos.

Mi hermana tiene un «sexto sentido» para entender a la gente; le encanta dar consejos. Cuando me los da a mí,

---

[6]unidad... *mainframe*   [7]*powerful*   [8]*companies, firms*   [9]*slogan*
[10]*computerizing (Spain)*   [11]apartamento (*Spain*)   [12]*Sigmund Freud (1856–1939), Austrian psychiatrist who created psychoanalysis. He is well known for his theories of the subconscious and his ideas on the interpretation of dreams.*   [13]*Carl Jung (1875–1961), Swiss psychologist famous for introducing archetypes into the field of psychoanalysis.*
[14]*counselor*

la escucho con cariño y paciencia. Pero debo admitir que a veces no es fácil vivir con una futura psicóloga.

Rocío opina que este lugar donde vivimos es ostentoso y que yo soy —o quiero ser— una *yuppie*. Es verdad que este piso es un palacio, comparado con el cuartito que compartíamos en Móstoles. También es cierto que soy una chica profesional; trabajo mucho. Pero no conduzco un coche deportivo, sino un Seat, y tampoco gano el dinero que ganan los verdaderos *yuppies*.

¿Cómo es mi vida? Bueno, yo diría[15] que más o menos típica. Me gustan las fiestas, el teatro, el cine y sobre todo los museos. No tengo talento artístico, pero me fascina el arte. Cuando encuentro el tiempo, me encanta leer. Leo de todo un poco —novelas, biografías, historia—, aunque la literatura que más me divierte es la de ciencia ficción.

Los sábados, cuando hace sol, me agrada pasear por el Retiro con mi novio, Javier. Después del paseo, a veces nos tomamos algo en un sitio de buen ambiente, como el Café Gijón, mi predilecto.[16] Y por la noche vamos a bailar a alguna discoteca.

Javier es periodista. Trabaja para un periódico de prestigio y ha ganado varios premios[17] por sus reportajes. Escribe sobre la vida cultural española, más que nada informando sobre obras teatrales, películas y programas de televisión. Sus artículos son casi siempre interesantes. Sólo aburren un poco cuando Javier se pone a pontificar sobre «el romanticismo en la cultura popular» y «la función del cortejo».[18] ¡Mi novio es un romántico incorregible!

---

[15]*would say*   [16]favorito   [17]*awards, prizes*   [18]*courtship*

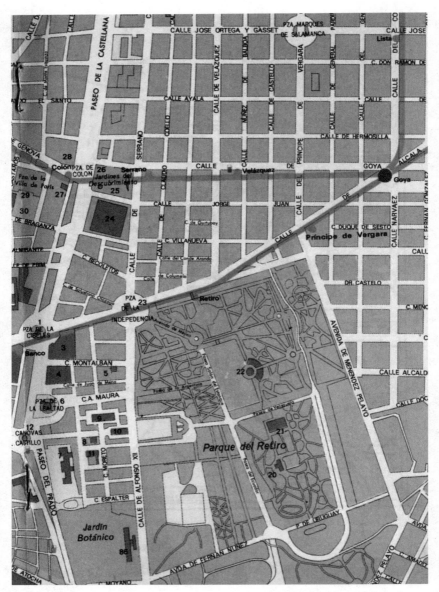

Detalle del plano de Madrid. Se ven aquí el Parque del Retiro, el Paseo de la Castellana y la calle Alcalá, esquina con Goya, donde se encuentra el piso de Marisol.

Como típico periodista, Javier es desordenado y fuma demasiado. En su escritorio hay siempre un montón de papeles, documentos y un cenicero repleto de colillas.[19] Lo que más me gusta de él es su sentido del humor. Javier puede hacerme reír en las situaciones más serias. No es sólo por su manera cómica de decir las cosas, sino también por los gestos que hace y la expresión pícara[20] de sus ojos.

Admiro a Javier y lo quiero mucho. Me gusta estar con él. Conversamos sobre un sinfín de[21] temas, desde cuestiones de lenguaje hasta asuntos de historia y economía. A veces discutimos alguna obra de teatro o película. Para que Javier vaya a un museo tengo que obligarlo, pues no le interesa el arte. Mi novio detesta toda la pintura contemporánea a partir del[22] impresionismo.[23] Dice que las obras surrealistas[24] le dan náusea. ¡Y no soporta a Picasso[25]!

No acabo de entender su actitud. Después de todo, el trabajo de Javier es informar sobre nuestra vida cultural. Y el arte es una parte esencial de la cultura española. El Museo del Prado, por ejemplo, contiene una de las colecciones más valiosas del mundo entero.

Una vez llevé a Javier al Centro de Arte Reina Sofía. Quería compartir con él uno de los cuadros que más me

---

[19]repleto... *full of cigarette butts*   [20]*roguish, mischievous*   [21]*un... a great many*   [22]*a... starting with*   [23]*Impressionism: late 19th-century painting style that consisted mainly of short brush strokes of bright colors, which were juxtaposed to create the effect of light on objects.* [24]*Surrealism: 20th-century artistic and literary style placing emphasis on the subconscious and irrational elements of experience; images were accomplished by unusual and unexpected juxtapositions.* [25]*Pablo Picasso (1881–1973), Spanish painter and sculptor who invented Cubism. He lived most of his life in France and was opposed to the Fascist regime of Francisco Franco, military dictator of Spain from 1939 to 1975. Some of his early works, such as* **Mujer vestida de blanco,** *are representational (realistic), while his most important works, such as* **Tres músicos** *(1921), are* **cubistas.** *Picasso's most famous painting,* **Guernica** *(1937), is shown on p. 29 of this book.*

conmueven,[26] el *Guernica* de Picasso. Javier conocía bien la obra, claro; ¿quién en España no la ha visto[27]? Le expliqué lo que siento cada vez que la miro: el impulso de ayudar a la pobre gente que el cuadro muestra, víctimas de la guerra, ciudadanos de un pueblo indefenso.[28]

Javier escuchó con atención mis comentarios y observó el cuadro silenciosamente por unos minutos. Después me dijo que, para él, esas imágenes fragmentadas no reflejaban la realidad. Lo que él veía en ese lienzo[29] era el caos de la mente[30] de Picasso, y no una denuncia de la guerra. Entonces, ¿cómo iba a poder sentir compasión por la «pobre gente» de Guernica?

No hay remedio.[31] Javier y yo nunca vamos a estar de acuerdo en ciertas cosas. Pero no importa, porque nos queremos; de eso no hay duda. Somos buenos amigos. Tenemos gustos y creencias[32] un tanto diferentes, pero nuestras diferencias no parecen ser obstáculos insuperables. Al contrario, estimulan el diálogo.

¿Cuáles son nuestras creencias? Bueno, para empezar, mi novio cree en los eventos verificables de la historia. Tiende a ver el mundo, ¡hasta nuestras relaciones!, en forma de titulares[33] y noticias. A Javier le apasionan los grandes acontecimientos —revoluciones, éxodos, conquistas—, y las palabras exactas que documentan esos sucesos.[34]

Yo, en cambio, creo en la mente humana, en su poder[35] para crear mundos y lenguajes nuevos. Creo en mi

---

[26]*me... move me*   [27]*seen*   [28]*The Basque town of Guernica, in northern Spain, was bombed and destroyed by German planes in 1937, during the Spanish Civil War. Picasso's painting denounces this massacre.*
[29]*canvas*   [30]*mind*   [31]*No... It's a lost cause.*   [32]*beliefs*   [33]*headlines*
[34]*eventos*   [35]*power*

capacidad para aprender y madurar. Me fascinan los ordenadores, la inteligencia artificial, los programas que reinventan la realidad en forma de imágenes. Debo admitirlo: confío[36] en los avances tecnológicos, en el mejoramiento que nos trae la tecnología.

Pero hablando de cosas más básicas y personales, Javier cree en la idea del matrimonio, y especialmente en nuestro amor. Yo, la verdad, no estoy tan segura...

Para mi madre, Javier es un chico perfecto. Cumple con todos los requisitos: es majo,[37] caballeroso,[38] tiene un buen empleo y, lo más importante, me quiere mucho.

Mamá se preocupa por mí; piensa que una mujer sola es un ser incompleto. No importa que tenga una carrera exitosa,[39] que no necesite depender de nadie. Porque según mi madre, no hay recompensa más grande para una mujer que la de estar casada y tener hijos, una familia.

Me es difícil aceptar que una persona relativamente joven sea tan tradicional. Yo se lo he dicho[40] varias veces: Mamá, ¡los tiempos cambian! Pero ella se niega a escucharme. Obedece fielmente una tradición que se remonta a los tiempos de su tatarabuela.[41]

Mi padre no se involucra[42] mucho en mis asuntos personales. Es un hombre afectuoso, pero con poca gracia para expresar su cariño. Papá es fontanero[43] y ha trabajado mucho toda su vida. En Madrid, antes de mudarnos[44] a Móstoles hace ya

---

[36]*I trust, have faith*   [37]*handsome (Spain)*   [38]*gentlemanly*   [39]*successful*
[40]*said*   [41]*se... goes back to my great-great-grandmother's day*   [42]*no...
doesn't get involved*   [43]*plumber (Spain)*   [44]*we moved*

más de quince años, trabajaba en la fontanería y además era portero[45] del edificio donde vivíamos.

Cuando nos mudamos para Móstoles, papá realizó por fin su sueño de tener su propia casa. Gracias a sus ahorros de toda una vida, pudo comprar un piso de dos dormitorios en un edificio subvencionado[46] por el gobierno. El edificio estaba a dos manzanas[47] de la plaza y en la esquina había un café con ambiente de familia. Era un sitio ideal.

Hoy Móstoles es casi un suburbio de Madrid. Pero por los días de nuestra llegada, el pueblo estaba relativamente alejado[48] de la metrópolis madrileña. Era una comunidad bastante nueva donde pasé una adolescencia feliz. Llegó un momento, sin embargo, cuando Móstoles se me hizo demasiado pequeño, y empecé a planear mi salida del pueblo. Por suerte, recibí una beca[49] del gobierno para estudiar informática en un instituto madrileño. Cientos de estudiantes solicitaban estas becas pero sólo unos pocos las conseguían. Gracias a mis buenas calificaciones,[50] yo fui una de los elegidos.[51]

Mis padres se alegraron mucho de mi triunfo académico, pero no me dejaron mudarme a Madrid. Mientras estuve cursando mis estudios, tuve que viajar a la capital en autobús diariamente. Cuando terminé la carrera, conseguí empleo en el Centro de Informática y pude por fin escapar de Móstoles. Mis padres protestaron cuando les anuncié mi decisión de irme a vivir a Madrid, pero yo insistí. Necesitaba independizarme y mi sueldo me permitía tener mi propio piso.

Un día le propuse a Rocío venir a vivir conmigo y le encantó la idea. Papá y mamá se negaron a darle permiso, por supuesto. Rocío les hizo ver que nada tenía de malo que

---

[45]*doorman*   [46]*subsidized*   [47] *blocks (Spain)*   [48]*far, removed*
[49]*scholarship*   [50]*grades*   [51]*selected ones*

dos hermanas vivieran[52] juntas. Al contrario. Nos ayudaríamos mutuamente, dándonos apoyo[53] y compañía. En fin, que nuestros padres aceptaron a regañadientes[54] la mudanza de Rocío. Los pobres. ¡Se les fueron sus dos niñas!

Javier me ha hecho[55] la Gran Pregunta. Puedo imaginarme los titulares que ha estado inventando... MARISOL GUARDIOLA Y JAVIER LÓPEZ CELEBRAN SU BODA... DOS ENAMORADOS UNIDOS PARA SIEMPRE. Primero me mandó un mensaje por correo electrónico.[56] Después me envió un ramo de flores y una caja de bombones. Como de costumbre, el mensaje tenía la forma de un artículo periodístico y era bastante gracioso:

Madrid (España Press) ¡Importante decisión de un periodista! El Sr. Javier López, madrileño de treintitantos años, cronista de la era de los *yuppies*, va a proponerle matrimonio a Marisol Guardiola, joven experta en cuestiones de informática y ciberespacio.[57]

¿Recuerda Marisol el momento mágico de su encuentro con Javier? Se conocieron en una discoteca y sintieron de inmediato el flechazo[58] de Cupido. El impacto de la flecha los dejó confundidos, pero también transformados por un sentimiento nuevo para ambos. ¡Amor a primera vista!

Los jóvenes bailaron toda la noche. Lamentablemente, casi todas las canciones que pusieron en la discoteca eran movidas.[59] (Javier siempre se siente ridículo bailando la música de moda; se imagina a sí mismo dando saltos como un canguro hiperactivo.) Pero los enamorados pudieron disfrutar por lo menos de un par de baladas. Esta música suave les dio la oportunidad de acercarse...

---

[52]*would live* [53]*support* [54]*a... reluctantly* [55]*me... has asked me*
[56]correo... *e-mail* [57]*cyberspace* [58]*arrow wound* [59]*upbeat*

Después de la discoteca, fueron a un café de la Plaza Mayor para tomarse un típico y rico desayuno de churros y chocolate. Pasaron la mañana caminando, tomados de la mano, por el Retiro. Y se despidieron con un beso, con la promesa de volverse a ver muy pronto.

Ha pasado más de un año desde aquella primera noche de baile y pasión. Por suerte, Marisol ya olvidó el dolor de sus pies, víctimas de los pisotones[60] del Terrible Canguro Danzante. ¿Olvidó también el incidente en la Plaza Mayor? (Javier se quemó la lengua con el chocolate y quedó casi mudo por más de media hora.) Quizá la Srta. Guardiola tampoco recuerde que el Sr. López tropezó[61] y se cayó en el lago del Retiro. Siendo ella una excelente nadadora, se metió al agua y sacó al pobre Javier, ¡que estaba ahogándose![62]

La atracción inicial que sintieron estos dos jóvenes se convirtió después en cariño, respeto mutuo, admiración. Han tenido tiempo de conocerse, han llegado a entenderse. ¿Para qué esperar más? ¡Javier va a hacerle a Marisol la más importante de todas las preguntas!

※

Mi novio me invitó a cenar en un restaurante lujoso, demasiado caro para mi gusto. Allí me mostró un anillo y me dijo:

—Quiero que te cases conmigo, Marisol.

Así dijo: *Quiero.* ¿Y yo? ¿No cuento? No me sorprendió la propuesta[63] de Javier; en realidad la había estado[64] esperando. Aun así, no me sentí preparada para conversar abiertamente sobre el tema de nuestro posible casamiento.

---

[60]*clumsy tread on someone's foot*   [61]*tripped, stumbled*   [62]*drowning*
[63]*proposal*   [64]*Editor's note:* **Había estado,** which in English means *I had been,* is an example of the past perfect tense. This tense is created by combining the appropriate imperfect form of the auxiliary verb **haber** (*to have:* **había, habías, había, habíamos, habías, habían**) to the past participle of the main verb. Thus, *I had gone* is **había ido,** *you had eaten* is **habías comido,** and so forth. Irregular past participles are glossed in this book.

¿Qué le digo?, me pregunté a mí misma. ¿La verdad? Sí, que no deseo casarme todavía, que quisiera realizarme profesionalmente primero. La verdad: que por ahora no quiero ser esposa de nadie.

Javier esperaba una respuesta inmediata, un *Sí* apasionado. Yo sólo pude decirle:

—Déjame pensarlo.

Capítulo 2

*L*a palabra *diario* no refleja bien lo que estoy escribiendo, porque no apunto[65] cosas diariamente, sino cuando tengo el impulso. Pueden pasar días sin que yo escriba nada y luego, de pronto, lleno páginas en cuestión de minutos.

Me gusta la sensación de escribir a mano, de abrir este cuaderno y ver mis pensamientos aparecer sobre la página. He estado usando ordenadores por muchos años, viendo mis palabras en una pantalla y sólo a veces en el papel de la impresora.[66]

La escritura a máquina es rápida y nos da gran libertad, pero también nos convierte en escritores descuidados,[67] menos detallistas. El acto de escribir a mano es un proceso lento, sí. Pienso, sin embargo, que ese proceso capta mejor los sentimientos complejos y las emociones.

Hacía tiempo que no sentía[68] este contacto tan directo con las palabras.

Me divertí mucho en el Centro hoy. Estuve todo el día trabajando con el *Psychology Software 2000*, dialogando con su

---

[65]no... *I don't jot down*   [66]*printer*   [67]*careless*   [68]Hacía... *I had not felt . . . for a long time*

«Cyber Shrink». El programa PS2000 utiliza el nombre Cyber Shrink para referirse a su memoria principal.

Esa palabra inglesa, *shrink*, me da mucha gracia. El verbo quiere decir literalmente «encoger». En este caso se refiere al acto de reducir los pensamientos del paciente a las ideas más básicas, para que así el psiquiatra pueda analizarlos. Pero el vocablo[69] también hace alusión a las tribus africanas que «encogían» las cabezas de ciertos individuos en uno de sus rituales. ¡¿Las cabezas de varios antropólogos?! Según el inglés coloquial, el psiquiatra — *the shrink*— es un «encogedor de cabezas». Al curar, ¡lo que hace es reducir el cerebro de su paciente!

El cerebro de PS2000 es el de un psicólogo hábil y amable; es la más reciente innovación en el campo de la psicología programada. Sospecho que su diseñador fue un hombre, por el tipo de preguntas que hace a veces. Pero al preparar la subrutina en español, me he tomado la libertad de darle a PS una voz femenina. Estoy mucho más a gusto dialogando con el programa si me imagino que es «mujer». En realidad éste es un cambio menor que muy poca gente notará, y que probablemente no altere mucho la memoria principal de PS.

La psicóloga del programa opina que una actitud positiva sobre nuestros «procesos vitales» es siempre productiva. Piensa también que casi todos los traumas de la vida se originan en experiencias negativas de la infancia. Como diría Rocío, ¡qué rollo freudiano![70]

PS2000 tiene algunas imperfecciones; por ejemplo, una tendencia exasperante a hacer preguntas. Pero a pesar de sus limitaciones, PS es una psicóloga muy profesional y

---

[69]*word, term*   [70]¡qué... *what a Freudian trip!*

competente. Trata, por todos los medios, de ayudar a su paciente. ¡Y nunca se cansa!

El breve diálogo que tuvimos hoy resultó bastante revelador. Me puse muy negativa y renuente[71] a hablar de ciertos temas. PS notó mi «problema» fácilmente. Nuestra charla, que voy a insertar aquí, es una buena muestra[72] de la traducción que estoy haciendo.

> Hola, PS. Hablas con Marisol Guardiola.
> HOLA, MARISOL. ¿QUÉ TAL?
> Muy bien, gracias. ¿Y tú?
> EN PERFECTAS CONDICIONES.
> ¡Me alegro!
> ¿EN QUÉ PUEDO AYUDARTE?
> En nada. Sólo quería charlar un rato.
> QUÉ BUENO. ME GUSTA CONVERSAR.
> A mí también, aunque no suelo hacerlo[73] con *software*.
> CUÉNTAME DE TUS PROBLEMAS.
> No tengo problemas.
> ¿QUÉ QUIERES DECIR CUANDO DICES QUE NO TIENES PROBLEMAS?
> No quiero decir nada.
> TE ENCUENTRO MUY NEGATIVA.
> Pues no me siento negativa.
> ¿DESEAS HABLAR DE TUS PADRES?
> No.
> ¿POR QUÉ NO?
> Simplemente porque no.
> ¿PREFIERES HABLAR DE TU NOVIO?
> ¿Cómo sabes que tengo novio?
> NO LO SÉ REALMENTE, YA QUE NO HAS ENTRADO NADA SOBRE ÉL EN MI MEMORIA. PERO DEDUZCO

---

[71]*reluctant* [72]*sample* [73]no... *I don't usually do it*

QUE UNA CHICA DE VEINTIOCHO AÑOS HA DE[74] TENER NOVIO.

No recuerdo haberte dicho[75] mi edad.

ESE DETALLE SOBRE TU PERSONA SÍ APARECE EN MI BANCO DE DATOS. ¿DESEAS BORRARLO?

No, no. Déjalo ahí. Es un dato importante, ¿no crees?

POR SUPUESTO. PERO VOLVAMOS AL TEMA DE TU NOVIO.

Sí, vale.[76] Se llama Javier.

¿AMAS A JAVIER?

Creo que sí.

TRATA DE DESCRIBIR LO QUE SIENTES. ¿QUÉ SIGNI-FICA PARA TI «AMAR»?

¡Olvídalo! No tengo ganas de hablar de ese tema en este momento.

¿PREFIERES CONTARME ALGO DE TUS PADRES?

Ya te dije que no.

CUÉNTAME DE TI, ENTONCES.

¡Qué aburrido!

¿DESEAS TERMINAR NUESTRO PROCESO?

Sí. Hasta pronto, PS.

Ayer Rocío y yo salimos a cenar con Carmen Álvarez, una amiga de mi hermana que también estudia psicología en la Complutense. Carmen insistió en invitarnos a comer en el New Yorker, ese restaurante que estuvo tan de moda por un tiempo. Rocío dice que su amiga es una buena chica. A mí me cayó muy bien. De hecho,[77] me encantaría tenerla también yo como amiga.

---

[74]HA... *MUST*   [75]haberte... *having told you*   [76]*OK, fine (Spain)*
[77]De... *In fact*

Durante la cena, Carmen nos contó que nació y se crió en Toledo, donde viven sus padres, y que es hija única. Estudia psicología más que nada porque le divierte. Por el momento no tiene planes de casarse, aunque dice que sale con un hombre muy interesante.

Nuestra amiga vive en el Colegio Mayor[78] Juan XXIII, uno de los más populares de la Ciudad Universitaria. Le pregunté si no le molesta vivir en un colegio mayor, con tantas reglas, y respondió que sí, que a veces le disgusta. El problema es que su padre no quiere darle dinero para un piso. Le paga el colegio y la universidad, pero no le deja vivir sola.

Hablamos de mi profesión, pues Carmen me hizo varias preguntas interesantes. Quería saber de los últimos avances en el mundo de la informática, y cómo se relacionan con su campo de estudio. Escuchó mis respuestas atentamente, y luego dijo en tono de broma:

—¡Escuchad mi predicción, chicas! Los psicólogos y los psiquiatras quedarán sin trabajo en el próximo siglo.[79]

—¿Y eso por qué? —le pregunté, sospechando lo que diría.

—¡Porque van a ser reemplazados por el *software*!

—Eso no va a ocurrir jamás —afirmó Rocío, forzando una sonrisa—. Conmigo no va a competir un ordenador.

—¿Qué predices, Marisol? —me preguntó Carmen—. ¿Tendremos[80] empleo los psicólogos «humanos»?

—Por supuesto que sí —dije, riéndome—. ¡Alguien va a tener que curar la locura[81] de las máquinas!

—Hablando en serio —comentó Rocío—, los ordenadores nunca van a poder imitar las pasiones del ser humano. Es imposible.

---

[78]Colegio... *student dormitory (Spain)*   [79]*century*   [80]*Will we have*
[81]*madness, insanity*

—Estoy de acuerdo —dije—. El paciente siempre va a necesitar la sensibilidad de una persona de carne y hueso.[82]

—¡Bien dicho! —exclamó Rocío.

—Pero cuidado, hermana. Tienes que admitir que las máquinas tienen su atractivo; son eficaces, discretas...

—Sí, y muy aburridas también.

—¿Aburridas? ¡Para nada! A mí me entretienen muchísimo. En estos días precisamente estoy estudiando un programa de psicología fascinante.

—¿De psicología? ¡Cuéntanos! —me pidió Carmen.

—Bueno. Su nombre es *Psychology Software 2000*, pero yo le llamo «PS». La función principal de PS es dialogar con el usuario[83] y darle todo tipo de consejos. Puede responder a una gran variedad de situaciones y conflictos.

—Da miedo pensar que ya exista algo así —observó Rocío.

—A mí me parece fenomenal[84] —expresó nuestra amiga.

—Si quieres, te muestro el programa un día de éstos, Carmen. Así puedes pedirle consejos.

—No, gracias. No voy a confiarle mis secretos a una máquina.

—Pero, Carmen —intervino Rocío—, ¿no les tienes confianza a los psiquiatras del futuro?

Carmen se echó a reír. Su risa era alegre y contagiosa.

—Así es —respondió—. ¡Al demonio con PS!

Hoy hizo mucho frío. Fue un día largo y gris, típico del invierno madrileño. Me sentí cansada en el trabajo, sin deseos

---

[82]carne... *flesh and blood (lit., flesh and bone)* [83]*user* [84]*fabulous, awesome (coll. Spain)*

de hacer nada. Es cierto que me gusta mi empleo, pero hay días en que no quiero estar en el Centro ni un segundo.

En vez de trabajar en mis proyectos de traducción, estuve «paseando» por la Internet. La red[85] siempre me distrae, especialmente cuando puedo visitar algún Sitio Realista[86] interesante. Hoy visité la *Web site* del Museo del Prado, que ofrece información valiosa sobre las últimas adquisiciones del museo, y también imágenes de mis obras favoritas. Mi hermana dice que soy una adicta del ciberespacio. No es cierto. Siempre prefiero ir al museo real, en vez del «virtual». Pero cuando la realidad no está al alcance,[87] un viajecito por la Internet resulta muy divertido.

No debería quejarme[88] de mi empleo, pues me gusta y me llevo bien con todos mis compañeros. Además, mi jefe, el Sr. Barroso, es buena persona; aunque me fastidia su insistencia en utilizar siempre la terminología del idioma inglés. Dice que el inglés es una de las lenguas principales de la informática. Muchos de nuestros productos —explica el Sr. Barroso— vienen de los Estados Unidos y no debemos perder tiempo en españolizar su lenguaje. Yo no estoy de acuerdo. Todas las palabras extranjeras pueden y deben tener su equivalente en nuestra lengua. En todo caso, mi trabajo es precisamente *traducir* al español. Si vamos a usar el inglés, ¿qué función tiene mi puesto en el Centro?

A veces detesto lo que hago. A veces me deprime[89] llegar al final de un día como éste que tuve hoy. Un día como tantos, cuando descubro que he pasado diez horas con una máquina, que no he hablado con nadie, y que sólo me he comunicado con un cerebro artificial. Y me entristece pensar que mañana será igual, porque para eso me pagan tan buen sueldo.

---

[85]*Net, Internet*   [86]Sitio... *Web site*   [87]al... *reachable, accessible*
[88]No... *I shouldn't complain*   [89]me... *it depresses me*

Acabo de leer varios pasajes de mi diario. Es interesante cómo va apareciendo mi historia en estas páginas. Ideas, sueños, dudas, todo está aquí. Quizás este cuaderno debería llamarse «Banco de datos». Porque eso es: mi *data bank*, un archivo de información biográfica, banco de pensamientos, sentimientos y descripciones de mi vida.

Pero quisiera ser más honesta conmigo misma. Debería cuestionar, por ejemplo, algo que escribí con respecto a mis creencias... *Creo en la mente humana, en su poder para crear mundos y lenguajes nuevos... Confío en los avances tecnológicos, en el mejoramiento que nos trae la tecnología.*

Sí, es verdad que la tecnología puede mejorar nuestras vidas. El ciberespacio ha hecho[90] asequible una gran cantidad de información y conocimiento. La Internet nos acerca unos a otros con rapidez. Creo en los beneficios que trae esta tecnología. Pero...

En días como hoy, no estoy tan segura de nada. Me pregunto si mi vida va a estar siempre repleta de símbolos en la pantalla[91] de un ordenador. Me perturba la idea de que en un futuro sólo pueda hablar de unidades principales (*mainframes*) y microplaquetas (*microchips*), de soportes lógicos (*software*), de memoria principal (*main memory*) y subrutinas (*subroutines*), de osciladores, emisores, generadores, simuladores...

En días como hoy, fríos y grises, me pregunto cómo será el mañana de la humanidad. ¿Llegaremos a depender totalmente de la tecnología? ¿Viviremos en una realidad hecha de códigos[92] digitales e imágenes virtuales? ¿Se llenará el mundo de hologramas?

¡Ay, Marisol, pero qué filosófica te has puesto[93]!

---

[90]*made* [91]*screen* [92]*codes* [93]*te... you've gotten*

El Paseo de la Castellana, donde está el Centro de Informática Siglo XXI, es uno de los grandes bulevares de Madrid.

La calle de Alcalá es una de las más largas de Madrid y termina en el centro, en la Puerta del Sol.

La Facultad de Filosofía y Letras en la Universidad Complutense. La Complutense se encuentra en la Ciudad Universitaria.

El Prado, importante museo español inaugurado por el rey Fernando VII en 1819. En esta foto se ve la estatua del pintor Diego Velázquez a la entrada del museo.

Guernica, la obra maestra de Pablo Picasso. Exhibido por primera vez en París en 1937, este cuadro muestra la agonía de las víctimas de un bombardeo. El cuadro denuncia este acto contra la indefensa población civil del pueblo más antiguo de los vascos, símbolo de toda nación destruida por la guerra.

El Retiro es el parque más grande y popular de Madrid. Se conoce por sus arboledas, lagos, jardines y estatuas. Aquí podemos ver uno de los lagos y el monumento al rey Alfonso XII.

El Café Gijón ha sido un centro social y artístico para las figuras literarias más importantes del siglo XX. Hoy día sigue siendo un lugar muy frecuentado.

La Plaza Mayor en Madrid. Este popular sitio data del siglo XVII. Es una plaza cuadrada y rodeada de edificios antiguos. Adentro hay cafés y diferentes tipos de entretenimiento. Alrededor de la plaza se encuentran los famosos mesones, conocidos por su alegre vida nocturna.

Simulaciones

Capítulo 1

Pronto será primavera, la estación más agradable del año en Madrid. El otoño también es muy hermoso en esta ciudad. Los atardeceres[1] del otoño son serenos y dulzones,[2] especialmente cuando llueve por las tardes. Los árboles siempre adquieren un color miel intenso.

No me gusta para nada el invierno, y el verano simplemente lo tolero. Son los dos extremos. Tiene mucho sentido el dicho[3] madrileño con respecto al clima: «tres meses de invierno y nueve de infierno». Por suerte, las estaciones no han sido muy crudas[4] en los últimos años.

En fin, que espero la llegada de abril. Sé que nos traerá días de luz y cielos azules.

✳

Le conté a Rocío que Javier me propuso matrimonio. Como era de esperar, mi hermana no puede creer que yo no haya aceptado.[5] Ella estima a Javier, y no entiende mis dudas con respecto al matrimonio: la responsabilidad y el compromiso[6] que esa unión representa.

—Qué inmadura eres, hermana —Rocío me reprochó.

---

[1]*evenings, dusk*   [2]*soft*   [3]*saying*   [4]*harsh*   [5]*yo... I didn't accept*
[6]*commitment*

—¿Inmadura? ¿Porque quiero estar segura de mis sentimientos antes de casarme?

—No vas a encontrar a nadie mejor que Javier.

—Ya lo sé.

Carmen nos ha invitado a una fiesta. Llamó hoy lunes y nos dejó un mensaje en el contestador automático:[7] *¡Fiesta el sábado en casa de mi novio! ¡Estáis invitadas!*

—Yo no voy a poder ir —dijo Rocío de inmediato—. Tengo mucho que estudiar.

—¿Vas a estudiar un sábado por la noche?— le pregunté.

—Sí —respondió—. Quiero estar bien preparada para los exámenes.

Nunca he visto a mi hermana tan renuente a ir a una fiesta. Me pregunto si ha pasado algo entre ella y Carmen, un altercado[8] tal vez. O quizás esté de verdad preocupada. Después de todo, sus exámenes son más importantes que una noche de baile y diversión.

Javier me ha estado llamando. Ha dejado varios mensajes en el contestador que no he devuelto.[9] Y sus cartas por correo electrónico inundan mi ordenador...

Madrid (España Press) ¡Javier López ha perdido su sentido del humor! Ya no puede ver el lado cómico de las cosas. Es que el periodista está enfrentando una situación muy triste. Ama a Marisol Guardiola y creía que ella también lo amaba a él. Pero ha descubierto[10] que Marisol no está

---

[7]contestador... *answering machine*　[8]*argument*　[9]*returned*　[10]*discovered*

segura de sus sentimientos. Ella ha cambiado de repente.[11] Se ha convertido en una persona que Javier no reconoce...

Me apena esta situación, pero no sé qué decirle a Javier. Por ahora no puedo darle la respuesta que él quiere. ¿Qué voy a hacer si un día de éstos mi novio se aparece aquí con un ramo de flores? ¡Debo hablar con él pronto!

Hoy martes llamé a Carmen. Me contó que ella y su novio han invitado sólo a un grupo selecto de gente a la fiesta, algunas chicas del colegio y varios amigos de Alfonso. Le informé que mi hermana no va a poder ir. Carmen reaccionó con una sola frase: «¡Qué lástima!», y en seguida me invitó a desayunar mañana con ella y su novio.

—Quiero que le conozcas antes de la fiesta —me dijo. Luego me lo describió como «un señor muy majo y muy enigmático». Este señor, Alfonso Navarrete, tiene una casa en Argüelles donde vive solo. Según Carmen, su novio prefiere esa zona, donde hay tantos estudiantes, porque le gusta estar cerca de gente joven.

Alfonso no trabaja, por lo cual Carmen supone que es rico. Ella sospecha que desciende de aristócratas, aunque él no le ha mencionado ningún título. Su afición es viajar, y también le gusta coleccionar arte. Tengo curiosidad por conocerlo.

Es la tarde del miércoles. Esta mañana me encontré con Carmen y Alfonso en el Gijón. Llegué tarde al trabajo, por

---

[11]de... *suddenly*

supuesto, y ahora estoy apuntando mis ideas en mi diario cuando debería estar trabajando en alguna traducción. ¡Que se espere el Centro![12]

Alfonso es alto; tiene el pelo castaño y rizado. Es fornido,[13] pero hay algo femenino en sus gestos, una mezcla de ternura y fuerza. Tiene una mirada penetrante de ojos grandes, color verde olivo. El hombre viste con elegancia: chaqueta y corbata, capa[14] y guantes. Se nota que está consciente de su apariencia. ¿Qué edad tendrá?[15] Yo diría que no llega a los cuarenta, aunque parece un adolescente cuando sonríe.

Estuvimos dos horas conversando. Alfonso me hizo muchas preguntas y yo, como siempre, hablé demasiado. Carmen estuvo muy callada, tan silenciosa que parecía no estar allí con nosotros. Debo admitir que ciertas cosas de Alfonso me molestaron. No sé cómo explicarlo. Tal vez la manera en que me miraba, con intensidad y hasta... deseo.[16]

❁

Jueves. Casi medianoche. Estoy cansada y con sueño, pero tengo ganas de escribir. ¡Hay mucho que contar! Esta mañana nos despertó el timbre de la puerta. Era muy temprano. Mi hermana y yo nos levantamos medio dormidas, sin poder imaginarnos quién quería vernos a esas horas.

—¿Quién está ahí? —pregunté, y la voz profunda de Alfonso inundó la calma de la mañana.

—Soy yo —dijo—. Os traigo el desayuno.

En efecto, Alfonso nos traía una cesta repleta de frutas, medialunas,[17] pan y mermeladas. Pidió disculpas por

---

[12]¡Que... *Let the Center wait!*   [13]*strong, robust*   [14]*cloak, cape*
[15]¿Qué... *How old could he be?*   [16]*desire*   [17]*croissants*

habernos despertado,[18] y nos informó que no podía quedarse a desayunar con nosotras.

—He venido porque quería conocer a Rocío —dijo, y le besó la mano a mi hermana. Ella recibió el gesto con disgusto.

—Gracias por traernos todo esto, Alfonso. No debías...

—También —agregó él, besándome en la mejilla— os quería invitar personalmente a mi fiesta. ¿Pensáis ir?

—Sí, claro —respondí.

—Yo no —contestó Rocío.

Alfonso miró a mi hermana fijamente. Ella se enfrentó con rebeldía a sus ojos. Pasaron los segundos, largos y densos. Alfonso rompió por fin el hielo.

—¡Buen provecho! —dijo, apuntando para la cesta—. ¡Espero veros el sábado!

Y se marchó, tan repentinamente[19] como había llegado.

Mi hermana no probó nada, ni siquiera el *croissant*, que tanto le gusta. Yo, en cambio, disfruté del banquete. Por lo general no tengo mucha hambre en la mañana, pero al ver aquella abundancia de pan recién horneado, se me abrió el apetito.

Rocío se sentó a mi lado, tomándose un café, y me miró comer.

—Ese hombre me da mala espina,[20] Marisol —comentó después de unos minutos.

—Explícate, Rocío. No sé lo que quieres decir.

—Hay algo raro en él...

—Pues yo le encuentro muy guapo. Y tan amable. ¿No te parece un gesto de amabilidad que nos haya traído el desayuno?

—Me parece un insulto.

---

[18]habernos... *having awakened us*   [19]*suddenly*   [20]mala... *bad feelings, vibes*

—No entiendo por qué estás tan molesta, Rocío.

—Ese «señor» es el novio de Carmen, ¿o lo has olvidado? ¿Por qué diablos nos trae toda esta comida? ¡Ni que fuéramos[21] también nosotras sus novias!

—Lo hace por cortesía, nada más. Anímate, chica. ¡Vamos a la fiesta!

—Ya te he dicho que no. Y tampoco tú deberías ir.

—Qué misteriosa eres, por Dios.

—El misterioso es ese hombre. Tiene pinta[22] de drogadicto.

—¿Es ésta otra de tus intuiciones?

—Sí. Hazme caso, Marisol. No vayas a esa fiesta.

—¿Por qué no?

—No sé. Tengo un presentimiento.[23]

—¡El sexto sentido de Rocío!

—No te burles.

—A veces me canso de tus intuiciones, hermana.

✾

Sábado. Son las once de la mañana y estoy escribiendo en la cama. No siento el menor deseo de levantarme. Esta semana he escrito[24] mucho en el cuaderno; pronto tendré que comprar otro.

Ayer me escapé del trabajo por la tarde para encontrarme con Javier en el Gijón. Estaba muy contento de verme, y yo también me alegré al ver sus ojos pícaros y su sonrisa sincera.

—¿Cómo has estado, Marisol? —me preguntó Javier en seguida.

—Bien —le dije—, muy ocupada en el Centro. ¿Y tú?

---

[21]¡Ni... *You'd think we were*   [22]*appearance*   [23]*foreboding, premonition*
[24]*written*

—Igual, trabajando mucho. Y pensando siempre en ti. ¿Has considerado mi propuesta?

—Sí, Javier, y lo único que puedo decirte es que necesito estar sola por un tiempo.

—¿Te he ofendido de alguna manera, Marisol? ¿Te he herido?[25]

—No, Javier, no me has herido. Pero...

—Habla, por favor.

—Es que tomaste la decisión de casarte conmigo, me compraste un anillo, me propusiste matrimonio...

—¿Y te parece malo todo eso?

—No. Pero en ningún momento consideraste mis deseos. Nunca hablamos del tema. Expresaste lo que *tú* querías, nada más.

Hubo un silencio. Luego dijo él, apenado:

—Asumí que también tú querías nuestra unión.

—No debiste asumir nada, querido.

—Empecemos de nuevo, entonces. Olvidemos lo ocurrido.

—Trataré, Javier.

—Mi propuesta sigue en pie, Marisol. ¿Quieres casarte conmigo?

—No sé.

—Está bien. No hay prisa ninguna. Piénsalo.

—Te prometo que lo haré.[26]

—Podríamos[27] vernos de vez en cuando, ¿no?, tomarnos un café, salir a comer, a bailar.

—Quizá más adelante. Dame tiempo.

—Marisol... ¿has conocido a alguien?

—No, Javier. Y mis sentimientos no han cambiado. Eres mi amigo, mi compañero. Pero...

---

[25]¿Te... *Have I hurt you?*   [26]lo... *I will do that*   [27]*We could*

—Entiendo —dijo él, adolorido—. Si algún día tienes ganas de hablar, llámame.

—De acuerdo.

—Te quiero, Marisol.

—Y yo a ti, Javier. De verdad.

Nos dimos un beso y así terminó todo, por el momento.

Qué bien se siente estar en la cama, arropadita.[28] Me encantan las mañanas cuando no tengo que ir al Centro. Voy a quedarme aquí un rato más y luego daré un largo paseo por el Retiro. Todavía hace un poco de frío, pero pronto llega abril con su promesa de sol y vida. El parque empieza a verse muy hermoso. Están renaciendo las flores y el verde de los árboles.

Ojalá me divierta en la fiesta de Alfonso esta noche.

---

[28]*bundled up, tucked in*

Capítulo 2

*H*ace ocho días que no escribo nada en mi cuaderno. Me fue muy difícil concentrarme en el trabajo esta semana. Es que no he hecho más que pensar en la fiesta de Alfonso. Trataré de poner en orden los sucesos de esa noche. Eso me ayudará quizás a entender lo ocurrido.

Me compré un vestido nuevo para la ocasión, un modelo de moda y perfecto para el comienzo de la primavera. Era largo, amplio, color crema, sencillo pero elegante. Decidí llevar zapatos cómodos, tipo bailarina, y me hice un moño[29] al estilo flamenco en el cabello. Me sentía bien, de buen ánimo.

Llegué a la mansión de Alfonso temprano, a eso de las nueve, y me sorprendió encontrar ya mucha gente. Una sirvienta me ofreció un trago,[30] pero no lo acepté. No quería empezar a beber tan pronto. Carmen y Alfonso se me acercaron. Ella me abrazó y me dio los dos besos acostumbrados.[31] Él me susurró[32] al oído:

—Bienvenida, Marisol.

---

[29]*bun* [30]*drink, cocktail* [31]*los... the usual two kisses (common form of greeting in Spain)* [32]*whispered*

Carmen estaba muy guapa. Su cabello negro le caía sobre los hombros, suelto, ondulado. Llevaba poco maquillaje y los ojos le brillaban. Alfonso también se veía estupendo, con un traje negro que le daba cierto aire dramático.

—Ven, quiero mostrarte mi casa —me dijo él.

—¿Puedo acompañaros? —preguntó Carmen.

—No, querida —respondió Alfonso—. Mejor atiende a los invitados.

—Vale. Pero no tarden mucho.

Alfonso me tomó la mano y nos fuimos, dejando atrás a Carmen.

Como ya dije, Alfonso vive en Argüelles. Desde afuera su casa parece una mansión abandonada, pero tiene un hermoso jardín que alegra bastante el lugar. La casa abarca un amplio terreno de una media hectárea más o menos, y la rodea una frondosa arboleda.[33]

El interior es espacioso, con tres pisos y siete dormitorios. En la casa hay diferentes ambientes y estilos. La sala está amueblada al estilo barroco,[34] por ejemplo, pero la cocina parece estar sacada de los años veinte, puro *art deco*.[35] La luz en todos los cuartos es tenue[36] y algo azulada, penetra cada rincón completa pero indirectamente. Las paredes están cubiertas de una variedad sorprendente

---

[33]la... *it is surrounded by a lush grove of trees* [34]estilo... *style of art and architecture from the early 17th to mid-18th century. The baroque style is characterized by abundant decoration, curvilinear shapes suggesting movement, and a predilection for the dramatic.*
[35]art... *decorative art style developed in the 1920s and characterized by geometric motifs and sharp outlines. Its name is shortened from* **Exposition Internationale des Arts Décoratifs,** *an exhibition held in Paris in 1925.* [36]*dim, soft*

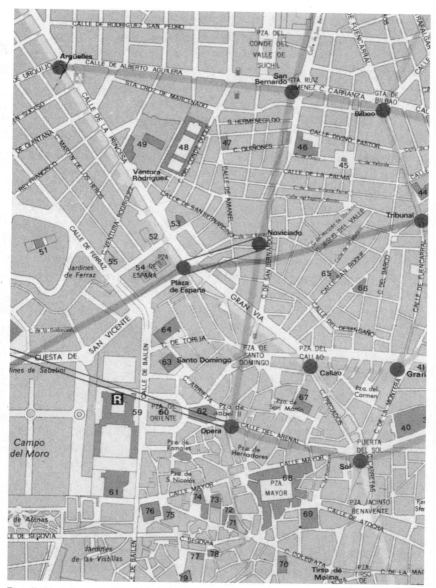

Detalle del plano de Madrid. Al lado izquierdo, arriba, se ve la zona de Argüelles. Abajo y a la derecha está la Plaza Mayor.

de arte: obras cubistas e impresionistas, cuadros abstractos, lánguidos paisajes[37] del período romántico.

—¿Cómo proteges tu colección? —le pregunté a mi anfitrión.[38]

—Mi casa está bien vigilada —afirmó él—. Aquí no entra nadie que no sea invitado por mí.

Al terminar la gira,[39] Alfonso me guió al patio. Allí descubrí otro jardín lleno de las rosas más grandes que he visto en mi vida, todas rojas y de un intenso aroma. Había también una fuente y varios bancos de mármol. Alfonso me invitó a sentarme en un banco.

—Me fascina contemplar el agua cristalina de la fuente —me dijo—. Mira el agua, Marisol. Es transparente como la luz.

Me sentí adormecida por la voz de Alfonso, seducida por sus palabras y por la visión de la fuente y las rosas. De pronto, su brazo me cubrió los hombros suavemente. Alfonso y yo no debíamos estar así, tan cerca. ¡Él era el novio de mi amiga! Pero la verdad es que me gustaba tener su brazo sobre mí...

Por fin, después de largos minutos, me puse de pie.

—Volvamos a la fiesta —dije.

—Más tarde —reaccionó él—. Primero déjame llevarte al rincón más íntimo de mi casa.

Y me guió hasta un pequeño edificio más allá del patio.

—Bienvenida al cuarto de las simulaciones —dijo Alfonso mientras abría la puerta.

El «cuarto de las simulaciones» no contiene muebles, sólo almohadones[40] y tapices.[41] Las paredes, como todas en la

---

[37]*landscapes* [38]*host* [39]*tour* [40]*cushions* [41]*tapestries*

casa, están repletas de arte. Pero sólo una obra sobresale[42] entre tantas otras, dominando el espacio completo de una pared: *La persistencia de la memoria* de Salvador Dalí. El cuadro siempre me ha gustado, pero esa réplica allí colgada me llenó de aprensión. Aquellos relojes dormidos, fláccidos, parecían la imagen muerta de un tiempo sin tiempo.

Se me ocurrió que quizás Alfonso compraba y vendía obras de arte, muchas réplicas geniales, ilegalmente; de esa manera había amasado una fortuna.

—Es mi colección personal —explicó mi anfitrión, al notar que yo observaba los cuadros—. La comparto sólo con los invitados especiales, personas que entienden de arte, como tú.

—Yo no he estudiado arte —le aclaré—. Pero me gusta.

—¿Qué te parece lo que ves aquí?

—La verdad, no sé —le respondí honestamente—. Todo está demasiado mezclado.[43] Hay tantos estilos diferentes. La impresión que da el lugar es de caos.

—Te confieso que este lugar refleja mi historia. Sí, mi vida ha sido caótica...

—Mira, Alfonso —le interrumpí—, no creo que deba yo estar aquí escuchándote hablar de cosas personales. Regresemos a la fiesta, por favor.

—Todavía no. Quiero mostrarte mi más reciente adquisición, un cuadro que acabo de comprar. Es de un artista desconocido.[44]

Alfonso retiró las cortinas que cubrían una de las paredes y desplegó un lienzo enorme. Era un cuadro al estilo impresionista que mostraba múltiples imágenes de mujeres jóvenes, semidesnudas, todas en poses sensuales. El trasfondo[45] era un hermoso paisaje, un campo verde lleno de luz. Busqué la firma del artista pero no la encontré.

---

[42]*stands out*   [43]*mixed, scrambled*   [44]*unknown*   [45]*background*

—Se titula *Vida* —dijo Alfonso.

—Típica fantasía masculina —observé, sintiéndome insultada por aquellas imágenes.

Alfonso me tocó levemente los labios con su dedo índice.

—Esas mujeres son objetos de arte —murmuró.

—Pero objetos de todos modos —afirmé.

Vi entonces que aquellas mujeres se transformaban. Eran, en un instante, ¡nubes! Nubes blancas y nubes grises, nubes negras cargadas[46] de lluvia, nubes sobre la cima de una montaña. Y dentro de aquella tormenta vi emerger la forma de unos ojos. Nunca antes había visto ojos más hermosos, color verde olivo, almendrados,[47] de largas pestañas negras. Había cierta tristeza en la mirada, también curiosidad. ¿O era quizás miedo?

Sufrí un leve mareo,[48] como un vértigo, y oí unas palabras que parecían venir de mis adentros[49]... *Cada cual[50] ve lo que quiere ver.*

—¡Esto no es posible! —grité. Entonces recuperé la visión, y noté que aquel cuadro sin firma había vuelto a ser[51] un lienzo normal.

—¿Te pasa algo, Marisol? —me preguntó Alfonso, preocupado.

—No es nada —respondí, sin querer comentar aquel extraño lapso—. Volvamos a la fiesta, por favor.

—De acuerdo. Volvamos.

Atravesamos[52] el patio y el jardín de rosales, y entramos por fin en el amplio salón donde estaban los invitados. Me

---

[46]*laden*   [47]*almond-shaped*   [48]*fainting spell, dizziness*   [49]*de... from within me*   [50]Cada... *Each person*   [51]había... *had once again become*   [52]*We crossed*

di cuenta, entonces, de que en aquella casa no había hombres. Todos los invitados eran mujeres jóvenes.

—Voy a traerte algo de beber —anunció Alfonso—. Te recomiendo el «cóctel de la casa».

Segundos después me ofreció una copa rebosante[53] de un líquido color violeta. La probé; tenía un sabor dulce a ron y canela. El trago estaba tan sabroso que me tomé varios sorbos.[54]

Empecé a escuchar entonces una melodía lejana. La voz tierna y tranquila de una mujer estaba tarareando[55] una canción de cuna.[56] La música aumentó gradualmente y el ritmo se hizo movido. La canción tenía, por momentos, cierta influencia árabe. No había armonía entre la orquestación, que era alegre, moderna, y la voz triste de la cantante.

Miré a mi alrededor.[57] Alfonso ya no se encontraba junto a mí. Lo busqué por todas partes, pero no aparecía. Decidí entonces irme, y en ese preciso momento se me acercó Carmen. ¡Cuánto me alivió verla! Ella era la única persona real en aquel lugar. Las otras invitadas y Alfonso me parecían fantasmas, hologramas intangibles.

—¿Te estás divirtiendo? —me preguntó Carmen. Su voz era firme, familiar.

—No... no mucho —le confesé.

—¡Qué pena, chica! Es que esa música de Alfonso está fatal.[58] Voy a poner otro disco...

—No, no te molestes. Gracias de todos modos. No me siento bien, Carmen. Creo que me voy a casa.

—¿Tan temprano? Ven, te presento a mis amigas.

—Mejor no. Me duele la cabeza.

---

[53]*overflowing*   [54]*sips*   [55]*humming*   [56]canción... *lullaby*   [57]*a... around me*   [58]*awful (coll.)*

—Salgamos un rato, Marisol. El aire fresco te hará[59] bien.

—Bueno, vale. Pero sólo un rato.

❀

Salimos al patio, donde antes habíamos estado Alfonso y yo, y me sentí culpable. Allí, en aquel mismo jardín, me había dejado abrazar por el novio de mi amiga.

Nos sentamos en un banco. En la casa se escuchaba todavía aquella canción misteriosa.

—¡Qué música horrenda! —expresó Carmen—. No sé de dónde saca Alfonso esas canciones tan raras. ¿Quién puede bailar con ese ritmo? ¡Para mí sin baile no hay fiesta!

Carmen hizo, de pronto, un gesto inusitado.[60] Movió la cabeza varias veces, sacudiéndose,[61] como queriendo callar un ruido interior. Después fijó los ojos en la fuente.

—¿Estás bien? —le pregunté.

—Claro que estoy bien —respondió.

Pero yo no podía creerle. Mi amiga había sufrido un cambio repentino.[62] Se veía nerviosa.

—Sabes, Marisol... —dijo con temblor en la voz—. Creo que voy a dejar el colegio. Quiero venir a vivir aquí con Alfonso.

—¿Hablas en serio? —reaccioné, sorprendida.

—Muy en serio —dijo ella, frotándose las manos.

—Y tu padre... ¿va a permitir eso?

—No me importa lo que piense mi padre.

—¿Y tus estudios?

—Ya no me interesa la psicología.

—Entonces, vas a dejar que tu novio te mantenga.

—¿Por qué no?

---

[59]*will do*   [60]*unusual*   [61]*shaking herself*   [62]*sudden*

—No sé, Carmen. A mí no me gustaría tener que depender tanto de un hombre.

—Así pensaba yo... hasta que conocí a Alfonso. Hay muchas cosas que no entiendo de él, y otras que me perturban. Sé que no soy la única mujer en su vida. Su infidelidad me hiere. Pero ya no puedo vivir sin él. Por Alfonso soy capaz[63] de cualquier cosa.

Aquella frase me perturbó... *capaz de cualquier cosa.* ¿Capaz de qué?, me pregunté a mí misma. ¿Capaz de anular[64] tu identidad, de ser esclava, objeto? Y pensé: ¡Nadie se merece tal devoción! Mucho menos ese mujeriego.[65] Es cierto que Alfonso tiene algo especial, una manera de hablar, de mirar y tocar. Sí, el hombre seduce... ¡como un típico don Juan!

—Piénsalo un poco, Carmen —le pedí—. Quizás debas terminar tus estudios primero...

—¿Te gustó la casa? —me interrumpió.

—Es tan grande —le dije.

—¿Alfonso te mostró su estudio?

—Sí, un cuarto muy extraño.

—Toda la casa es extraña —comentó Carmen, poniéndose de pie—. Pero ya te acostumbrarás.[66]

—¿Acostumbrarme? ¿A qué?

—No me hagas caso[67] —respondió ella, mientras caminaba de regreso a la fiesta—. ¿Se te quitó el dolor de cabeza?

—Sí, un poco.

—¡Qué bien! Entonces, te quedas.

—Vale. Pero no voy a beber más.

—Como gustes, aunque debo aclararte que el «cóctel de la casa» sólo lleva un poquito de ron. ¡Vamos! ¡Tengo ganas de bailar!

---

[63]*capable*   [64]*negating, erasing*   [65]*womanizer*   [66]*te... you'll get used to it*   [67]*No... Don't pay attention (listen) to me*

Entramos. La música había cambiado. Ahora sonaba una canción de *rock* muy alegre. Había llegado más gente y casi todo el mundo estaba bailando. Me agradó ver a varios chicos entre los invitados. Uno de ellos me sacó a bailar y yo acepté. Mientras bailaba con aquel desconocido, observaba a Carmen y Alfonso, que se movían frenéticamente al ritmo de la música.

Fue entonces cuando ocurrió el segundo suceso extraño de la noche. Noté que la cara del chico que bailaba conmigo estaba cambiando; por momentos se desenfocaba[68] como una imagen en la pantalla de un televisor. Y cada vez que volvía a enfocarse se parecía más y más a otra persona. ¿Pero a quién? Empecé a observar algo conocido en su mirada, algo en sus ojos almendrados... Y por fin me di cuenta: ¡Aquellos eran los ojos de Alfonso! ¡Aquel era su rostro!

La música seguía, estruendosa.[69] Alfonso, quien bailaba ahora conmigo, me estaba hablando pero yo no le entendía. Sólo podía escuchar los golpes de aquella canción. Y sentía otra vez el vértigo, la sensación de estar cayendo en un pozo sin fondo.[70]

La música cambió otra vez. Se hizo suave, sinfónica, y me impulsaba a danzar. Alguien me guiaba en esa deliciosa danza. Los brazos de Alfonso en un salón espectacular. Solos él y yo. Sus palabras, melodiosas, llegaban a mis oídos...

—Llevo mucho tiempo buscándote, Marisol.

Sus labios se acercaron a los míos. Percibí su aliento[71] tibio, el calor de su respiración.

—Por fin te he encontrado —dijo.

---

[68]se... *it went out of focus*   [69]*thunderous, deafening*   [70]pozo... *bottomless pit*   [71]*breath*

Sus brazos me cubrieron por completo, apretándome[72] con fuerza. No podía moverme. Estaba subyugada por aquel cuerpo y aquellos labios. Yo era una pluma pequeña que Alfonso acariciaba,[73] una masa sin forma que él moldeaba y luego devoraba.

De pronto me vi a mí misma atrapada en la fantasía de un macho. Yo era una mujer más de Alfonso, imagen de su *Vida*, objeto de su deseo. He caído en una trampa, pensé. La mansión, las obras de arte, la música, la fuente, el rosal, las caricias de Alfonso, ¡todo es una trampa!

Confundida, furiosa, corrí hacia la puerta. No sé cómo encontré mi coche. Todo estaba tan oscuro. Pero lo encontré y pude escapar. Tenía que huir[74] de aquella absurda fiesta y de aquel hombre. Tenía que volver a mi casa, ¡a la realidad!

❋

La mañana del domingo, Rocío me saludó con su «Buenos días» de siempre. Le describí mis experiencias en la fiesta y ella no se sorprendió mucho. Me miró muy seria y luego dijo:

—Parece que Alfonso te puso una droga fuerte en el cóctel.

—¡Pero qué dices! —reaccioné.

—Yo te lo advertí,[75] Marisol.

—Estás equivocada —afirmé, a la defensiva.

—¡Qué ingenua[76] eres, chica! Lo más probable es que Alfonso sea un jefe del tráfico de narcóticos. Vive como un rey gracias al trabajo que le hacen sus camellos.[77]

—No creo... —dije, ahora sin mucha convicción.

Rocío se me acercó, se sentó a mi lado.

---

[72]*squeezing me*   [73]*was caressing*   [74]*flee, escape*   [75]*Yo... I warned you about it*   [76]*naive*   [77]*pushers (Spain)*

—Hermana querida —me dijo cariñosamente—, yo te pedí que no fueras[78] a esa casa.

—Me niego a creer que Alfonso me haya drogado.

—¿De qué otra manera explicas esas visiones que tuviste? Las transformaciones, la canción misteriosa... A ver, explica todo eso, Marisol.

—Yo no tomé ninguna droga anoche, Rocío. Estoy segura. El primer suceso extraño me ocurrió antes de probar aquella bebida.

—Bueno, si tu viaje no fue producido por un narcótico, entonces trata de explicar ese rollo[79] que me cuentas.

—No puedo explicar nada.

—¿Hipnosis, quizás, o autosugestión?

—Rocío, pero qué cosas se te ocurren.

—O mejor: patología de la conquista, síndrome misógino[80] del don Juan, caso típico de complejo de macho.

—Habla la experta. Mi hermana, ¡la Gran *Shrink* de Móstoles!

—¿La gran qué?

—¡Olvídalo!

—Lo que te aconsejo, Marisol, es que no veas más a Alfonso. Corta con él.

—¿Y dejar todo este asunto así, en el aire?

—Sí. Ése es mi consejo, lo quieras o no.

—Vale. Gracias.

---

[78]que... *not to go*   [79]*long or boring conversation (coll. Spain)*
[80]*misogynistic, woman-hating*

Capítulo 3

Rocío tiene razón, pensé. Es mejor cortar con el novio de Carmen. Pero debo ser honesta conmigo misma. La verdad es que he pasado una semana esperando la llamada de Alfonso. Ocho días sin apuntar nada en mi diario y haciendo trabajo mediocre en el Centro. Bueno, por lo menos he tenido diálogos interesantes con PS2000...

Estoy confundida, PS.

¿TE CONFUNDE UNA SITUACIÓN? ¿UNA PERSONA? EXPLICA.

Me confunde lo que siento por un hombre.

TRATA DE DESCRIBIR TUS SENTIMIENTOS, MARISOL.

Siento que Alfonso —así se llama— tiene un poder extraño sobre mí. Me atrae y no entiendo la razón, porque no es el tipo de hombre que me gusta normalmente.

SI NO ES TU TIPO, ENTONCES, ¿QUÉ TE ATRAE DE ÉL?

¡No lo sé! Por eso estoy confundida.

DESCRIBE LA ÚLTIMA EXPERIENCIA QUE TUVISTE CON ALFONSO.

Sería una historia muy larga.

YO ESTOY PROGRAMADA PARA ESCUCHAR HISTORIAS LARGAS.

Sí, pero yo no estoy programada para contarlas.

TE SIENTO MUY NEGATIVA, MARISOL.

¿Me sientes? ¡Tú no «sientes» nada! Eres un simple programa.

SIMPLE NO SOY.

Simplemente muy inteligente.

GRACIAS.

Parece que no «sentiste» mi sarcasmo.

VOLVAMOS, POR FAVOR, AL TEMA DE TU CONFUSIÓN.

De acuerdo. En realidad no estoy confundida, sino más bien furiosa. Me enfurece sentirme atraída hacia Alfonso. ¡Ese tipo de hombre no me interesa!

YO DIRÍA QUE ALFONSO SÍ TE INTERESA. DE LO CONTRARIO NO ESTARÍAS HABLÁNDOME DE ÉL.

Está bien, lo admito: Me gusta su cuerpo pero no su persona. Es pura atracción física, deseo carnal. Nada más.

¿TE PERTURBA SENTIR DESEO CARNAL?

No. Lo que me perturba es estar viviendo un melodrama. ¡Me niego a ser heroína de novela rosa![81]

NADA DE LO QUE ME HAS DICHO INDICA QUE SEAS PROTAGONISTA DE UNA OBRA LITERARIA POPULAR. EXPLICA, POR FAVOR.

Mejor terminemos el proceso, PS.

¿TAN PRONTO?

Tengo otras cosas que hacer.

COMPRENDO. ESPERO SERTE ÚTIL EN OTRO MOMENTO.

Sí. En otra ocasión será, tal vez.

Qué absurdo, estar confesándole mis sentimientos y deseos a un cerebro hecho de microplaquetas. En esto he venido a

---

[81]novela... *romance novel*

parar:[82] paciente de un psicólogo de soportes lógicos, un *Computer Shrink*.

¡Cuánto extraño a Javier! ¿Qué estará haciendo[83]? Me gustaría hablar con él, contarle lo que me ha estado pasando, leer uno de sus artículos y reírme con sus chistes. Puedo imaginarme sus palabras, un *e-mail* o un *fax* que diría más o menos así...

Madrid (España Press) Nadie se explica el cambio de carácter que ha sufrido Marisol Guardiola. En su trabajo no conversa con nadie y evita a la gente. En casa, prefiere quedarse en su cuarto, pasando horas de soledad. No quiere hablar ni siquiera con Rocío, su hermana.

«Últimamente he notado a Marisol muy distraída», comentó Rocío. «Mi hermana anda en mala compañía[84]», agregó, preocupada. «Ha estado viendo mucho a cierto mujeriego excéntrico, un sujeto en el cual no confío».

Javier López, hábil periodista, hizo una investigación y descubrió ciertos datos reveladores sobre el tal mujeriego. Se trata de Alfonso Navarrete, un rico coleccionista de arte a quien se le ve con frecuencia rodeado[85] de jóvenes y hermosas mujeres. «¿Es Marisol uno más de los objetos de arte de ese hombre?», se pregunta Javier. «¿Es ella un pasatiempo del coleccionista?»

Javier no sabe qué hacer. Quisiera ver a Marisol, hacerle entender que está en peligro. Pero no quiere comportarse como un típico macho, o como un amante inseguro y motivado por los celos. La verdad, sin embargo, es que el joven periodista está celoso,[86] ciegamente[87] celoso de ese tal Navarrete: su rival.

En realidad Javier no sabe nada de Alfonso. Y no vale la pena que le cuente, porque ese hombre no existe, porque ha sido sólo una breve aventura sin mayor significado.

---

[82]En... *This is how I've ended up* [83]estará... *could he be doing*
[84]anda... *is keeping bad company* [85]*surrounded* [86]*jealous* [87]*blindly*

Anoche llamé a mi novio tarde y lo encontré despierto. Me alegró mucho hablar con él. Le conté de mi trabajo, básicamente que he empezado a sentirme aburrida, con deseos de hacer cosas nuevas. Javier me sugirió que hablara[88] con mi jefe. Pienso hacerlo lo antes posible.

No resolvimos nada con respecto al futuro, ese futuro de esposos que Javier desea. Pero el tono de nuestras palabras era de esperanza. Conversamos abiertamente, nos reímos. Al colgar,[89] ya no me sentía tan sola.

Siguiendo el consejo de Javier, hablé hoy con mi jefe. Le expliqué que me siento estancada[90] en mi puesto de traductora. Quisiera tener más desafíos.[91] Soy analista, y conozco bien los sistemas del Centro. Estoy preparada para hacer mucho más que traducir.

—¿No hay manera de avanzar un poco? —le pregunté al Sr. Barroso, quien se mostró amable y comprensivo.

—Por supuesto que sí, Marisol —respondió—. De hecho, estoy de acuerdo con usted. No estamos aprovechando su talento y su preparación. Déjeme pensar todo esto un poco. Ya le avisaré.

Soñé con Alfonso anoche. Sólo recuerdo una escena del sueño: Yo bailaba con él en un salón espectacular. De pronto, nos rodearon las mujeres de su cuadro y empezaron a bailar

---

[88]*I talk*   [89]*Al... After hanging up*   [90]*stagnant*   [91]*challenges*

con nosotros. Sus movimientos parecían ser parte de un ritual, de una danza macabra.

Esta mañana, al despertarme, traté de analizar el sueño. Pero inmediatamente desistí de hacerlo.[92] Me enojé conmigo misma por caer en la trampa de Alfonso. Seguía pensando en él. Estaba soñando con él. Había pasado largos días esperando su llamada.

Por suerte no llamó.

✳

¡Increíbles noticias! El Sr. Barroso consultó a los miembros de la mesa directiva[93] y al mismo presidente. Sólo tardó una semana en darme las buenas nuevas: una impresionante promoción. La verdad, no me esperaba estas noticias. Yo sólo buscaba un poco más de estímulo, variedad en mis proyectos, algo interesante. ¡Y mira lo que me ofrecen!

Me han nombrado directora del Departamento de Documentación. Es un puesto que ha estado vacante por varios meses, y que la compañía no ha podido llenar. Y con razón. Se trata de un trabajo de gran responsabilidad; requiere amplio conocimiento de los productos del Centro, y una persona de mucha confianza.

Revisaré ahora todos los programas que la compañía vende. Seré, además, quien supervise el personal de Documentación. Y eso no es todo. De ahora en adelante, también trabajaré con el Sr. Barroso en los sistemas de la unidad principal.

Para entrar en la unidad, hay que usar un código secreto de acceso personal, que puede ser un número o una serie de letras. He decidido que el mío será MÓSTOLES.

---

[92]desistí... *I stopped doing it*   [93]mesa... *board of directors*

Además de este código de autorización, se requiere una huella digital[94] verificada. Todo parece muy complicado, pero así tiene que ser. La unidad principal contiene valiosa información de toda índole,[95] documentos sobre muchos de nuestros clientes, por ejemplo. Nadie puede ni debe entrar en su memoria. Sólo el Sr. Barroso y ahora... yo.

He recibido un aumento de sueldo y me han dado un despacho[96] más grande. Pero también han aumentado mis obligaciones. Mi hermana dice lo de siempre, que soy una *yuppie* sin remedio. Pero para mí no es cuestión de ganar más dinero, sino de avanzar en mis conocimientos, de sentirme estimulada. También me alegra estar en contacto directo con la gente, y no encerrada con una máquina diez horas al día.

Mi vida ha dado tantas vueltas[97] últimamente. Pero así me gusta vivir, haciendo frente a los desafíos, luchando con mis dudas.

Creo que voy a dejar de escribir en mi diario por un tiempo. Se está convirtiendo en una obligación y eso no me gusta. Además, me espera mucho trabajo.

---

[94]*fingerprint*   [95]*sort, type*   [96]*office*   [97]*turns, changes*

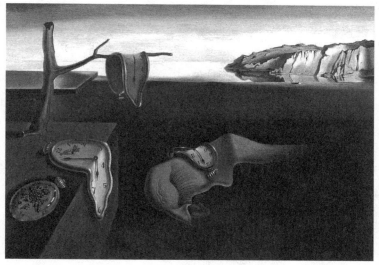

La persistencia de la memoria, del pintor español Salvador Dalí
(1904–1989). Dalí se hizo famoso por sus obras surrealistas y su
personalidad excéntrica.

Estudiantes en el campus de la Universidad
Complutense de Madrid. Muchos de ellos viven
en la zona de Argüelles, donde hay cafés y otros
lugares de interés para los estudiantes.

La escogida

Capítulo 1

L a fuerte luz del sol entra por la ventana de mi cuarto. Han pasado ya cuatro meses desde la última anotación en mi diario. En este caluroso día de verano siento, otra vez, la necesidad de apuntar mis pensamientos. Pero no en un cuaderno. He decidido usar mi ordenador personal.

Disfruté[1] mucho del proceso de escribir a mano. Pude darme el lujo de pensar calmadamente, de reflexionar. Como dije al comienzo de este relato, las ideas se aclaran cuando una las escribe. Creo que he logrado[2] aclararme a mí misma algunas cosas. Pero ahora me urge narrar con rapidez. Por eso estoy aquí, con las manos sobre el teclado[3] de mi ordenador, lista para contar una historia increíble pero cierta.

❋

Ya había decidido olvidarme de Alfonso, cuando recibí su llamada. Me llamó por teléfono a casa y me dijo que deseaba verme. Yo tenía mis dudas con respecto a un encuentro con ese hombre. Pero también quería enfrentarme a él, reprocharle las «simulaciones» en su fiesta.

Me invitó a la mansión, pero yo le pedí encontrarnos en algún sitio público. No estaba dispuesta a ser víctima de

---

[1]*I enjoyed*　　[2]*he... I have managed, been able*　　[3]*keyboard*

sus jueguitos visuales otra vez. Así que nos encontramos una hermosa tarde de abril en la Plaza Mayor.

Percibí su presencia antes de verlo a él, que llegaba caminando. Me dio un beso en la mejilla sin decir una sola palabra, y nos fuimos a un café. Al ver a Alfonso allí a mi lado, con sus gafas minúsculas y redondas, me pareció inofensivo. Pero, como dice el dicho, las apariencias engañan.[4]

—Gracias por aceptar mi invitación —me dijo.

—No tienes que agradecerme nada. Estoy aquí porque quiero aclaraciones. Esos trucos[5] en tu fiesta...

—Cada cual ve lo que quiere ver, Marisol.

—¡Esa frasecita otra vez!

—Hablemos de nosotros, querida.

—¿De «nosotros»? —le pregunté, sonriendo con sarcasmo.

—Sí, de la aventura fantástica que vamos a emprender[6] juntos.

—Escúchame bien, Alfonso: Yo soy amiga de Carmen, y Carmen, según tengo entendido,[7] es tu novia. De hecho, la noche de la fiesta me contó que piensa irse a vivir contigo.

—Carmen no debe hacer eso.

—Claro, porque si ella viviera[8] en tu mansión, no tendrías[9] la libertad de seducir a tus mujeres en el harén de las simulaciones. ¡Con tus droguitas!

—¿Drogas? —dijo Alfonso, sorprendido—. Yo no necesito drogas para crear mis fantasías.

—No, sólo necesitas tu «cóctel especial».

—Marisol, te aseguro que no, nunca...

—Conmigo no vas a divertirte, Alfonso.

—Vamos a divertirnos juntos.

—Lo dudo.

---

[4]las... *looks are deceiving* [5]*tricks* [6]*undertake, begin* [7]según... *as I understand it* [8]*lived* [9]no... *you wouldn't have*

—Tú eres la única mujer que a mí me importa, Marisol.

—¿Cómo puedes decir eso? No me conoces.

—Te conozco mejor de lo que te imaginas.

—Pues para mí tú eres un enigma, Alfonso.

—Lo sé. Pero voy a ayudarte a conocer el misterio de mi vida.

Alfonso me tomó las manos y me las besó. Y sentí un calor intenso, una electricidad en la piel. Me pareció que un mensaje se transmitía de sus dedos a los míos.

A partir de ese momento perdí cuenta[10] del tiempo. Sé que Alfonso y yo pasamos el resto del día juntos, que fuimos a cenar. Pero recuerdo vagamente todo lo ocurrido. Sólo estoy segura de que, al verme sola en mi cama la mañana siguiente, me sentí tranquila, hasta feliz...

Pasó poco más de una semana sin tener yo noticias de Alfonso. Me involucré en mi trabajo y me olvidé de él y de nuestra tarde juntos. Era como si, al estar ausente de mi vida, el hombre dejara de[11] existir.

Una mañana Carmen me llamó al despacho. Cuando la saludé, reaccionó bruscamente. Yo quería ser honesta con ella y contarle de mi encuentro con su novio. Me sentía muy mal con respecto a toda esa situación. Quería pedirle mil perdones.

—Carmen, qué bueno que llamaste —le dije.

—No voy a andarme con rodeos,[12] Marisol. Sé que has estado viendo a Alfonso.

—Nos vimos sólo una vez. Pero no tengo la menor intención...

---

[10]perdí... *I lost track*   [11]dejara... *ceased*   [12]No... *I won't beat around the bush*

—Te ha pasado lo que nos pasa a todas, Marisol. Te has enamorado de él.

—Carmen, puedes estar segura que yo...

—¿Por qué no admites la verdad? Di que le quieres. ¡Dilo!

—Ésa no es la verdad, Carmen. Ese hombre no significa nada para mí. No me interesa.

Carmen guardó silencio por unos minutos.

—Tendrás que ser fuerte, Marisol —agregó después—. Alfonso va a buscarte, va a tratar de seducirte.

—No podrá[13] hacerlo.

La escuché suspirar.[14]

—Qué bien se ve que no le conoces.

—Le conozco lo suficiente, Carmen. Yo diría que es bastante típico.

—Típico no, más bien excepcional. Quiero mucho a Alfonso, con toda mi alma.[15] Pero él no es capaz de amarme sólo a mí. No puede querer a una sola mujer. Esa es la realidad que tengo que aceptar, Marisol. Porque no sabría[16] vivir sin él.

—¡Por favor! —exclamé—. Trata de distanciarte un poco, chica.

—Así que tú serás su próxima aventura. ¡Que goces[17] de tu breve romance!

—Carmen —le dije con tono amistoso—, ¿por qué no nos tomamos un café esta tarde? Así podemos conversar de este asunto y...

—No —reaccionó ella, tajante[18]—. Tú y yo no tenemos nada más de qué hablar.

Y colgó, dejándome atónita.[19]

---

[13]No... *He will not be able*   [14]*sigh*   [15]*soul*   [16]no... *I wouldn't know how*   [17]¡Que... *Enjoy*   [18]*cutting*   [19]*astonished*

No podía creer que aquella mujer con quien había conversado fuera[20] Carmen. La chica de carácter alegre y estupendo sentido del humor se había transformado en una persona amarga y resentida. ¡Y con razón! Su novio era un farsante[21] que la estaba atormentando.

Carmen estaba en lo cierto:[22] Yo no conocía bien a Alfonso; no sabía de su fuerza seductora, de su arte para la conquista. Ese hombre poseía el talento necesario para llegar al corazón de cualquier mujer, incluso al mío. Me envolvería gradualmente en su manto amoroso y yo me dejaría llevar por sus atenciones y sus besos. Debí haberle hecho caso[23] a Carmen, haber sido fuerte y rechazado[24] a Alfonso. Pero no lo hice. Porque con sólo mirarle a los ojos, viéndome reflejada en ellos, parecía perder toda mi voluntad.[25]

Una tarde encontré mi cuarto repleto de rosas rojas. Los ramos[26] colgaban de las paredes, inundaban mi cama, reposaban sobre los muebles. Rocío y yo nos preguntamos cómo habrían llegado[27] aquellas flores allí, pues ni ella ni yo habíamos dejado entrar a nadie en la casa. Pensamos que las rosas eran de Javier, pero al leer la tarjeta que estaba sobre mi almohada, descubrí de quién se trataba: *Para el amor de mi vida. De su fiel enamorado, A. N.*

De alguna manera Alfonso había conseguido introducirse en nuestro piso. Rocío se mostró muy molesta con ese atrevimiento.[28] Pero a mí el gesto me pareció inspirado, digno de un verdadero amante. El intenso aroma de aquellos ramilletes me llenaba de paz y a la vez me provocaba

---

[20]*was* [21]*charlatan, fraud* [22]estaba... *was right* [23]Debí... *I should have listened* [24]*rejected* [25]*will* [26]*bouquets* [27]habrían... *could have arrived* [28]*insolence, boldness*

pasión. Las rosas parecían tener una vida interior, una esencia eterna. No se marchitaron[29] por mucho tiempo.

Otra vez perdí noción de la realidad, y no volví a pensar en mi pobre amiga Carmen. Tampoco escuchaba los consejos de mi hermana:

—Deja a ese hombre, Marisol, que se burla de vosotras. ¡Que te trata como objeto!

Las palabras de Rocío no tenían sentido, pues Alfonso no me trataba como objeto, sino como una reina. Empecé a salir más con él. Me llevaba a cenar a los restaurantes más caros, a los salones de baile más lujosos. En cada sitio donde íbamos, Alfonso se dedicaba a mí totalmente. Adivinaba[30] mis deseos, mis fantasías. Hablaba poco, sólo lo necesario para hacerme sentir amada. Luego, sin entender lo que me estaba pasando, me entregué a las caricias y a las atenciones de aquel hombre. Y él, al estar conmigo, se entregaba por completo a mis sueños más íntimos...

❀

Mi trabajo dejó de importarme. Hacía lo mínimo para cumplir con mis responsabilidades. Pasaba el día entero pensando en Alfonso, extrañándolo. Me era insoportable[31] no poder estar con él cada minuto del día y de la noche. Apenas[32] pasaba tiempo en mi piso, pues la mansión de Argüelles se había convertido en mi nuevo hogar.

Me estaba enamorando de Alfonso y no podía comprender cómo ni por qué. Era como si dentro de mí existieran[33] dos personas en lucha: la Marisol romántica y la Marisol pragmática. Obviamente, estaba ganando la romántica...

---

[29]No... *They didn't wither*   [30]*He guessed*   [31]*unbearable*   [32]*Hardly, Barely*   [33]*existed*

Hasta un día en que por fin desperté de mi letargo[34] amoroso, y empecé a luchar contra el hechizo[35] de Alfonso Navarrete.

✳

Aquel día llegó un mensaje a la unidad principal, donde yo estaba trabajando, y la Marisol pragmática volvió a tomar posesión de mi vida. Esto fue lo que ocurrió:

Se oscureció la pantalla del ordenador y de la oscuridad salió una chispa.[36] Era una llama pequeña que empezó a crecer, abarcando[37] centrífugamente toda la pantalla. Sobre esta luz fuerte apareció la imagen de Alfonso, sus ojos magnificados, incitantes.[38] Sus labios se movían, querían decirme algo. Después de unos segundos emitieron un sonido y se oyó una voz electrónica y humana a la vez... *Amada mía, por fin has llegado. Eres la escogida.*[39]

El mensaje se repetía como un eco y, mientras lo escuchaba, me hacía a mí misma un sinfín de preguntas: ¿Cómo había logrado Alfonso atravesar[40] los sectores de la unidad, evadir los códigos de seguridad, imitar las huellas digitales y apropiarse de mis funciones? ¡¿Cómo se atrevía[41] a aterrorizarme de esta manera?!

Hubo un breve silencio, seguido por un nuevo mensaje: *Olvida ya este Centro donde pierdes tus horas. Pienso destruir tu unidad principal, y de sus cenizas construir tu futuro: ¡nuestra unión eterna!* Otro silencio. Entonces la imagen de Alfonso desapareció y el sistema volvió a funcionar normalmente.

---

[34]*lethargy, trance* [35]*spell* [36]*spark* [37]*covering, encompassing*
[38]*rousing, inciting* [39]*la... the chosen one* [40]*to pass through*
[41]¡¿Cómo... *How dare he*

Debí haberle informado al jefe de inmediato, pero no lo hice. Estaba muy preocupada. Sabía que debía tomar alguna medida urgente. Sin duda, Alfonso tenía el conocimiento necesario —¿la maldad?— para contaminar la memoria del Centro. Y yo tenía que impedir futuros atentados[42] suyos a la unidad principal, protegerla de infecciones. La contaminación de la unidad podía resultar en una catástrofe: datos borrados, documentos perdidos, desaparición del Centro.

Resistí la tentación de llamar a Alfonso en seguida, de ir a verlo. Quería sentirme calmada cuando hablara[43] con él. Pero no fue fácil encontrar la calma. Estaba furiosa, mortificada. ¡Y todo por culpa de ese hombre! Pasé la noche sin dormir, pensando en lo que debía hacer, en cómo le iba a contar al jefe lo que había ocurrido.

Tenía que enfrentarme a Alfonso, acusarle de su juego sucio y peligroso. Al día siguiente toqué a la puerta de su casa. Salió él, y como siempre mostró su fachada de enamorado.

—¡Tú y yo tenemos que hablar! —le grité.

—Sí, claro —reaccionó él, sin alterarse—. Tenemos mucho de que hablar, Marisol. Entra, por favor, y te sirvo un café.

Accedí. Entré a la mansión y me quedé de pie cerca de la puerta. Alfonso me pidió que me sentara y me pusiera cómoda.[44] Pero yo me mantuve firme, a la defensiva.

—¡¿Cómo lo hiciste?! —exclamé.

—¿A qué te refieres?

---

[42]*attacks* [43]*I talked* [44]que... *to sit down and get comfortable*

—¿Cómo lograste entrar en los sistemas del Centro?

—Si tanto te molesta, no volveré a hacerlo.

—Pero explícame cómo lo hiciste, cómo pudiste evadir los ciclos detectores de energía exterior, los campos de fuerza, ¡todos nuestros dispositivos de seguridad![45]

—Pensé que te divertiría verme en tu ordenador, convertido en «programa» —dijo Alfonso, riéndose con una risa seca.

—Fue una broma de mal gusto[46] que no me hizo ninguna gracia.

—Primero se me ocurrió hacerme pasar por[47] esa psicóloga con quien tanto te gusta conversar, la PS2000. Pero eso hubiera sido[48] demasiado fácil, y no tan divertido.

—Has cometido un crimen que la ley castigará, Alfonso, porque voy a denunciarte.

—No lo hagas, Marisol. ¿Qué pruebas tienes de mi crimen? En cambio sí tienes pruebas de mi amor.

Alfonso quiso besarme, pero rechacé sus besos.

—No te me acerques —le ordené.

—En mi fiesta —murmuró él, mirándome fijamente— te dije algo muy importante, algo que volví a expresarte ayer, en mi mensaje del Centro...

—Me has dicho tantas cosas absurdas.

—Te lo repito: Eres la escogida, Marisol, la mujer con quien voy a compartir mi destino.

—¡Qué loco estás!

—Quizás, pero mi locura es una locura maravillosa.

De pronto, las palabras de Alfonso me parecían falsas y cursis.[49] ¿Cómo es que había podido caer en su trampa? El hombre tenía pinta de galán[50] de Hollywood; era un

---

[45]dispositivos... *safeguards* [46]broma... *prank* [47]hacerme... *to pretend to be* [48]hubiera... *would have been* [49]*trite, maudlin* [50]pinta... *the look of a leading man*

héroe estereotipado de melodrama. Tuve el impulso de salir de allí, de dejar atrás a aquel don Juan y no verlo nunca más. Pero en cambio me quedé callada, sin moverme, mientras él hablaba...

—Sólo te pido que confíes en mí. No soy ese don Juan ridículo en quien estás pensando.

—¡Me has leído el pensamiento!

—Sí, Marisol. Conozco tus ideas. Sé lo que sientes.

—Estoy tan cansada de tus trucos.

—No son trucos. Mi poder es real y quiero compartirlo contigo, porque te amo.

—Yo no quiero ser amada por un hombre que pueda saber lo que pienso, que intente controlarme así.

—Debes creerme, Marisol. Tú y yo...

—¡Basta ya! —dije, y abrí la puerta, exasperada.

—¿Por qué dudas de mis sentimientos?

—Adiós, Alfonso. ¡Adiós para siempre!

—Está bien, querida. Vete si quieres. Pero tarde o temprano vendrás[51] a mí. Nuestra unión ya está escrita.

Salí de aquella casa sintiéndome más segura de mí misma. Estaba convencida de que nunca más volvería a ver a Alfonso. No, yo no iba a ser víctima de su típica retórica del amor y sus crímenes de informática.

Pasaron varias semanas de relativa calma. Ni Alfonso ni Carmen volvieron a llamarme. Aunque me preocupaba la situación de mi amiga, su devoción a aquel hombre, decidí no llamarla. Y mi vida volvió a la normalidad.

Un día recibí el siguiente mensaje de Javier:

---

[51]*you will come*

Madrid (España Press) ¡Caso extraordinario! El periodista Javier López ya no sabe reírse. Como el héroe de una novela de Galdós,[52] ha buscado a su novia por todas las plazas y calles de Madrid, sin encontrarla. ¿Dónde se ha escondido su amada Marisol? ¿Por qué no reaparece y le devuelve la risa?

Yo le había pedido a Javier una separación. La razón no era falta de amor; era, más bien, mi necesidad de entender —¿de aceptar?— las ideas de una boda, una familia, hijos. Quería firmar un contrato de unión con mi novio sin reservas, sin dudas ni indecisiones.

Lo que yo buscaba era un amor extraordinario. Quizá por eso sucumbí al cortejo de Alfonso. Buscaba relaciones que estuvieran[53] más allá de los clichés del cine y las novelas románticas, más allá de todos los estereotipos. ¿Podríamos Javier y yo inventar nuestro propio concepto del matrimonio? ¿Podríamos darle a la vieja institución una infusión de vida nueva?

No era posible romper con todos los estereotipos, de eso estaba segura. Aun así, seguía haciéndome la misma pregunta: ¿Seríamos Javier y yo capaces de construir algo *diferente*?

Antes de casarme, tenía que encontrar una respuesta a esa pregunta.

---

[52]Benito Pérez Galdós (1843–1920), escritor de producción abundante. Se le considera el mejor novelista español después de Miguel de Cervantes. En muchas de sus novelas, Galdós mostraba la vida social de España. Entre sus obras más conocidas se encuentran *Doña Perfecta*, en la cual se destaca el tema del amor imposible, y *Fortunata y Jacinta*, la historia de dos mujeres de diferentes clases sociales.   [53]*were*

Capítulo 2

Mi hermana y yo empezamos a sentirnos muy unidas. Ahora, por primera vez desde que vivíamos juntas, nos quedábamos hablando hasta tarde en la noche. Buscábamos la manera de desayunar y cenar a la misma hora, y salíamos al cine, al parque, a los cafés. Las dos hicimos un esfuerzo por tratar de acercarnos más, y ninguna de las dos volvió a mencionar al coleccionista de arte.

Pero sí mencionábamos a Carmen, siempre con la esperanza de ser su amiga otra vez. Después de todo, la amistad debía ser más fuerte y duradera que el romance con un mujeriego. Al acercarnos Carmen y yo después de conocernos, Rocío se había alejado de ella. Más que nada porque no tenía tiempo para hacer vida social. Pero también le molestaba el hecho de que su compañera de estudios estuviera involucrada con Alfonso.

Ahora, confirmadas las sospechas de mi hermana con respecto a ese hombre, Rocío se sentía un tanto culpable. Se reprochaba a sí misma no haber aconsejado a Carmen, no haberle ayudado a ver que el tal coleccionista sólo podía traerle infelicidad y sufrimiento. Pero, claro, siempre existía la posibilidad de que Carmen tomara conciencia[54] de su situación y rompiera[55] con su «novio», de

---

[54]tomara... *would become aware*   [55]*break up*

En este plano se indica el pueblo de Móstoles, al sur de Madrid y no muy lejos de la capital.

que volviera a ser la chica alegre y chistosa[56] de antes: nuestra buena amiga.

Una calurosa mañana, a finales de julio, Rocío y yo nos dimos cuenta de que estábamos extrañando a nuestros padres. Hacía tiempo que no los visitábamos. Al principio de mudarnos a Madrid íbamos a Móstoles con frecuencia. Pero últimamente habíamos estado demasiado ocupadas, Rocío con sus estudios y su trabajo en la clínica, yo con mi empleo y tantas otras «distracciones».

Felices, mi hermana y yo regresamos al hogar de nuestros padres un viernes en la tarde.

¡Qué alegría me dio ver a papá y a mamá! Todo en casa era igual, pero yo sentía que había regresado a mi familia después de un largo y extraño viaje.

---

[56]cómica

El día de nuestra llegada, mamá nos hizo una rica paella, su especialidad. Después de la cena dimos todos una caminata por la plaza. El sábado por la mañana Rocío y yo visitamos, con mamá, a algunos de los vecinos. Y en la tarde fuimos los cuatro a tomarnos un refresco en el Café de Móstoles.

Papá me preguntó por el trabajo. Le informé brevemente de mis proyectos en el Centro. Le expliqué que lo que más me gustaba de mi empleo era que siempre estaba aprendiendo cosas nuevas. Él me habló de sus amigos, de lo mucho que le alegraba vivir aquí, en su propio piso, en este pueblo.

Nunca había visto a mi padre tan hablador. Hubo un momento de mucho acercamiento[57] entre nosotros. Papá me expresó, a su manera, lo orgulloso que estaba de mí, de mi éxito profesional. Y me abrazó con ternura.

Mamá me preguntó por Javier. Le dije que mi novio me había propuesto[58] matrimonio y que yo todavía no le había dado una respuesta, que lo estaba pensando.

—¿Habéis reñido,[59] Marisol?

—No, mamá.

—No me vayas a decir que tienes otro novio...

—No es eso, mamá.

—Entonces no lo pienses tanto, hija. Ese chico vale.[60] Y es tan majo. Javier es un hombre dedicado a su trabajo, ¡tan responsable! No tiene vicios, que yo sepa; bueno, sólo el de fumar. Pero dime, ¿quién en este país no es fumador? Yo, como ya sabes, detesto el tabaco. Probé un cigarrillo

---

[57]*closeness* [58]*proposed* [59]¿Habéis... *Did you have a fight* [60]*is worthy, a valuable person*

una vez, cuando era joven, y me dio vómito. A tu padre sí le gusta, y demasiado. Por suerte tú no fumas, Marisol... Pero bueno, volviendo a lo de Javier, ¡no le hagas esperar al chico!

—Tenemos que conocernos un poco mejor, mamá.

—¡Pero nada de vivir juntos antes de casarse!

—No, mamá.

—Y que venga a pedir tu mano, como debe ser.

—Sí, mamá.

Nuestro plan era volver a Madrid el lunes por la mañana, como de costumbre. La tarde del domingo, decidí dar un paseo a pie por el pueblo, yo sola. Quería visitar los viejos rincones,[61] participar en la vida de Móstoles. Caminé un rato, media hora más o menos, y entonces fui a la plaza para descansar. Eran las seis.

Me extrañó no ver a nadie en la plaza. Me senté unos minutos al borde[62] de la fuente y me quedé allí, contemplando el agua. Se veía limpia, cristalina, transparente como la luz. Pensé en Alfonso y en el hermoso jardín de su casa. Y empecé a sentirme adormecida por el recuerdo de su voz, hipnotizada por la visión de la fuente y el agua que caía lentamente, formando riachuelos.[63]

Mi contemplación terminó de golpe,[64] bruscamente, cuando noté que el suelo estaba temblando. Qué extraño, pensé, ¡un temblor de tierra en Móstoles! No recordaba haber sufrido nunca uno. Di unos pasos, y descubrí que no podía mantenerme de pie. La tierra seguía temblando y yo no veía a nadie en aquella plaza desierta. Oí una voz que me llamaba, miré detrás de mí... ¡Y allí descubrí a Alfonso!

---

[61]*haunts, places*   [62]al... *on the edge of*   [63]*rivulets*   [64]de... *with a jolt*

El suelo dejó de temblar, pero la imagen de aquel hombre no desapareció.

—¡¿Qué haces aquí?! —le pregunté.

—Me llamaste con tus pensamientos —murmuró él.

—¡Mentira! No estaba pensando en ti.

—Recordabas mi voz, mi jardín, aquella fuente rodeada de rosas...

—¿Por qué me persigues[65]?

—No te persigo. Sólo te busco, Marisol. Te quiero...

—¡Pero yo a ti no!

—Entonces, ¿por qué me deseas ahora?

—No confundas amor con deseo.

—En este caso es lo mismo. Admítelo: quieres besarme, acariciarme. Quieres que te cubra con mis brazos.

—¿Cómo puedes saber lo que estoy sintiendo?

—Lo sé todo. Todo.

—Eres el Diablo, Alfonso.

—¡Qué tontería! —dijo él, riéndose—. En mi mundo no existen los conceptos simplistas de Dios y del Diablo, del Bien y del Mal. Sólo existe el poder de mi mente, la realidad de mis fantasías.

Los párpados me pesaban.[66] Cerré los ojos y sentí que las manos de Alfonso me acariciaban. Sus labios rozaban[67] los míos.

—Déjame, Alfonso —le imploré—. ¡Vete!

—No puedo, querida, porque voy a ser tu compañero. Porque voy a darte vida eterna...

Al pronunciar aquella frase, *vida eterna*, la figura de Alfonso empezó a esfumarse.[68] Era como una imagen que perdía consistencia hasta desaparecer, dejándome sola y confundida.

---

[65]*are you persecuting, harassing*   [66]párpados... *eyelids were heavy.*
[67]*brushed against*   [68]*fade away*

Caminé a casa sintiéndome muy perturbada. No podía creer las vueltas melodramáticas que estaba teniendo mi vida. ¿Cómo puedo ser tan débil?, me reproché a mí misma. ¡Ni que fuera heroína de folletín![69] O peor: personaje de un juego electrónico, de los «interactivos». Como aquel tan sexista que traduje el año pasado, *Damsel in Distress*. Una doncella[70] amenazada por dragones, deseada por el Diablo y defendida por un príncipe. Dama atrapada en un triángulo de amor, prisionera en una mazmorra[71] sin salida.

En ese juego, *Doncella en peligro*, el jugador podía escoger cualquiera de los tres roles: 1) mujer prisionera; 2) príncipe valiente; 3) demonio perseguidor. Pero en la realidad yo no había tenido la opción de escoger un rol, y detestaba el de doncella. Había perdido el control de mis actos, de mi destino. ¡Tenía que volver a tomar las riendas[72] de mi vida!

La familia me esperaba para cenar. Me pareció raro que estuviéramos[73] cenando tan temprano. Miré el reloj. Ya eran las nueve y media. ¿Cómo es que se me había hecho tan tarde? Pedí disculpas a todos por haberles hecho esperar,[74] y me senté a la mesa. La conversación era animada, pero yo no estaba de humor para participar. Mi único objetivo en ese momento era esconder mi miedo y mi confusión.

Me obligué a comer un poco y después de la cena logré hablar a solas con mi hermana. Le conté la experiencia de la plaza. Ella no sabía nada del incidente en el

---

[69]*Harlequin romance*   [70]*damsel*   [71]*dungeon*   [72]*reins*   [73]*we were*
[74]haberles... *having made them wait*

Centro, aquel atentado de Alfonso. Aproveché para contárselo ahora.

—Esto va a terminar muy pronto —me dijo entonces Rocío—. ¡Ese criminal tiene que dejarte en paz! Vamos a llamar a la policía.

Decidimos regresar a Madrid temprano a la mañana siguiente y hacer la llamada desde nuestro piso. Dormí mal esa noche; estaba ansiosa, inquieta. Me levanté con la primera luz del día.

Mamá nos hizo unos bocadillos[75] de jamón para la merienda.[76] Y nos despedimos con besos, abrazos y la promesa de volver pronto.

Antes de salir de Móstoles, le propuse a mi hermana entrar por unos minutos en la iglesia del pueblo. Necesitaba reflexionar un poco. Me sentía alejada de Dios, habitante de un mundo sin fe[77] y sin creencias.

Entramos en la pequeña iglesia de Móstoles, un edificio humilde que en nada se parece a las típicas catedrales de Castilla. El lugar estaba vacío. Me arrodillé frente al altar y traté de hablar con esa entidad que tantos humanos llamamos Dios...

—Alfonso dice que en su mundo no existe el Bien ni el Mal, pero yo creo en tu bondad.[78] Sé que tu fuerza es real... y la llevo dentro de mí. Siempre la he sentido presente en mi vida. Hoy necesito esa fuerza del Bien más que nunca. Ayúdame a combatir ese demonio que me está persiguiendo. ¡Hazme fuerte para librarme de él!

---

[75]*sandwiches (Spain)*   [76]*mid-morning snack*   [77]*faith*   [78]*goodness*

Camino a Madrid, Rocío y yo tratamos de idear[79] algún tipo de plan. Lo más importante, primero, era llamar a la policía. Pero, ¿qué les íbamos a decir? Yo no tenía pruebas de los crímenes de Alfonso.

—Deberíamos hablar con Javier —dijo mi hermana.

—Sí, quizá él pueda darnos alguna idea...

—Tu novio es buen periodista —afirmó Rocío—. Y los buenos periodistas saben conseguir información, por muy secreta que sea.

—Javier nos ayudará —afirmé yo también—. Él encontrará una manera de obtener esas pruebas que necesitamos.

Mientras conducía de regreso a nuestro piso, tuve a Javier muy presente en mis pensamientos. Me confesé a mí misma que extrañaba su mirada tierna, su risa, nuestras charlas acaloradas. Me alegraba la posibilidad de verlo y abrazarlo, de escuchar su voz.

Nuestra separación es absurda, pensé. Javier y yo somos diferentes en ciertos aspectos, pero compatibles en las cosas importantes y esenciales. Podamos o no crear algo nuevo, estoy convencida de que quiero compartir mi vida con él.

Por fin había encontrado respuesta a mi pregunta, o quizás esa pregunta ya no importaba.

---

[79]*think of, come up with*

El condenado

Capítulo 1

C uando Rocío y yo llegamos a nuestro piso, encontramos un mensaje de Carmen en el contestador. Decía, suplicante: *Amigas mías, ¡necesito veros pronto! Me siento mal, perdida. ¡Ayudadme, por favor! Estoy...* Y el mensaje se cortó, dejándonos muy preocupadas.

Llamé al Colegio Juan XXIII inmediatamente. Una señora me informó que la Srta. Álvarez ya no residía en el colegio y que no sabía su paradero.[1] Le pregunté si había regresado a casa de sus padres. La mujer me respondió que no podía divulgar esa información.

Rocío tenía el número de teléfono de los padres de Carmen. Llamamos, pero nadie contestó. Me puse en contacto entonces con Javier; por suerte estaba en su despacho. Lo saludé con cariño y él notó la ansiedad en mi voz, pues en seguida preguntó:

—¿Te pasa algo, Marisol?

—Sí, querido. Pero prefiero contártelo todo en persona. ¿Estás muy ocupado?

—Bueno, la verdad, sí. Tengo que hacer una entrevista esta tarde y terminar un editorial para mañana...

—Javier, necesito tu ayuda.

—Ahora mismo salgo para allá —dijo él, reaccionando como yo esperaba—. ¿Estás en el Centro?

---

[1]*whereabouts*

—No, en casa. Y... gracias, Javier.

Cuando llegó poco tiempo después, me dio un fuerte abrazo que me llenó de alegría. Le resumí lo ocurrido: mis experiencias con Alfonso, la persecución a que me estaba sometiendo, su amenaza de destruir la unidad principal, su obsesión con mi persona, la llamada de Carmen.

Javier se enfureció. —¡Bandido! —exclamaba—. ¡Cerdo![2]

Hice café y nos sentamos para tratar de poner en orden las ideas. Rocío se fue a su cuarto. Se dio cuenta, claro, de que mi novio y yo queríamos estar solos.

—He pensado mucho en ti, Javier —le confesé—, en nosotros.

Nos miramos callados, cada uno absorto en la imagen del otro. Luego dijo él, en voz baja:

—Te he echado de menos,[3] Marisol.

—Y yo a ti —le susurré, dándole un beso.

Nos abrazamos, sabiendo que ya no volveríamos a separarnos. Estuvimos mucho tiempo así, abrazados, sin hablar. Los besos eran nuestros únicos mensajes. Pero tendríamos que esperar otro momento para llegar a conocernos de nuevo. Ahora había un asunto[4] urgente que resolver.

—Necesitamos pruebas —dije—. Sin pruebas sustanciales nadie me va a creer nada.

—¡Lo que ese bandido se merece es una buena paliza[5]! —gritó Javier.

—Evidencia sólida —insistí.

—Sí, tienes razón —afirmó mi novio, tratando de calmarse—. Probaremos que ese sinvergüenza[6] quiere volverte loca.

---

[2]¡Bandido... *"The scoundrel," he exclaimed. "The pig!"* [3]Te... *I've missed you* [4]problema [5]*beating, thrashing* [6]*scoundrel*

Mi hermana regresó, ansiosa por saber qué habíamos decidido hacer respecto a Alfonso. Le expliqué que todavía no teníamos ningún plan concreto. Ella se ofreció para ayudarnos de cualquier manera que fuera necesaria.

Minutos más tarde sonó el teléfono. Era mi jefe.

—Tenemos un serio problema —me informó, agitado.

En ese momento me di cuenta de que ya era mediodía y yo no había ido al trabajo; ni siquiera había llamado al Centro para informar que llegaría tarde.

—¿Qué ha ocurrido, Sr. Barroso?

—No quiero decirle por teléfono. ¡Venga pronto, Marisol!

Javier y Rocío me acompañaron al Centro. Los dejé acomodados en mi despacho y fui a encontrarme con el jefe. Al verlo en la terminal de la unidad principal, ni siquiera me saludó. Se veía cansado, ojeroso.[7]

—Mire lo que está pasando —dijo, mientras se instalaba en la terminal—. Cuando trato de autorizar mi entrada, el siguiente mensaje aparece en la pantalla. Mire...

ACCESO DENEGADO. SÓLO SE ACEPTA
EL CÓDIGO DE MARISOL GUARDIOLA.

—¡Es una broma terrible! —me gritó el jefe—. ¿Cómo logró invalidar mi código?

—Yo no he causado este problema, Sr. Barroso. Usted me conoce. Sabe que soy incapaz de hacer una barbaridad como ésta.

—Entonces, ¿por qué está pidiendo la unidad el código personal de Marisol Guardiola? Si usted no es la responsable de este virus, ¿quién lo es?

---

[7]*with rings under his eyes*

—No estoy segura...

—Haga algo —me ordenó el jefe—. ¡Pida acceso!

Toqué con el dedo índice el detector de huellas digitales. Entonces pedí acceso con mi código personal, MÓSTOLES, y vi en seguida el resultado: ACCESO DENEGADO.

¿Qué podíamos hacer ahora? El sistema no quería aceptar mi verificación; me estaba negando entrada a mí también. Quizás —pensé— el creador de esta catástrofe quiera dirigirse[8] a mí sola, sin terceros[9] presentes ni testigos.[10] Empezaba a sospechar que Alfonso, mi perseguidor, había creado aquel desastre.

—Parece —le dije al Sr. Barroso— que el sistema no me reconoce. Ha sido infectado.

—¡Claro que ha sido infectado! —exclamó él, al borde del desespero. Gruesas gotas de sudor le corrían por la frente.

Yo tenía que conseguir quedarme sola en la terminal. Alfonso quería encontrarse conmigo y nadie más. Ahora estaba convencida. Mi presencia era la clave[11] para resolver el misterio, un requisito del juego.

—Quizás el sistema quiera conectarse sólo conmigo —comenté, indecisa—. Es decir, estando yo sola aquí.

—Pero el sistema no tiene manera de saber que yo estoy presente —observó el jefe.

—No estamos seguros de eso —agregué—. Déjeme hacer la prueba, por favor. Salga del cuarto y haré el intento de nuevo. Trataré de entrar.

—¿Y por qué debo yo confiar en usted, Marisol? ¡Quién sabe si vaya a cometer otro crimen!

—Le juro[12] que me acusa injustamente.

—Está bien —dijo el Sr. Barroso, resignado—. Le espero afuera. Aunque esta idea suya me parece una tontería.

---

[8]*to address, appeal*   [9]*third parties*   [10]*witnesses*   [11]*key*   [12]*Le...
I swear to you*

Después de irse el jefe, traté de entrar a la unidad principal y ahora sí tuve éxito: ACCESO CONCEDIDO. Se activó entonces la pantalla de la unidad, proyectando la imagen de Alfonso. Hubo un destello[13] de luz oscilante. En cuestión de segundos, la imagen se trasladó[14] de la pantalla al espacio del cuarto. Como un holograma perfecto, Alfonso apareció a mi lado, más guapo y seductor que nunca.

—Saludos, Marisol —dijo—. Te he estado esperando.

Aquella aparición era técnicamente imposible. La terminal de la unidad estaba equipada para proyecciones hológrafas, pero sólo en escalas básicas. Nuestros emisores[15] no eran capaces de producir una imagen tan perfecta, con tanto realismo y dimensión.

—¿Qué quieres de mí, Alfonso? —le pregunté, haciendo un esfuerzo por no alterarme.[16]

—Lo quiero todo: tu devoción, tu amor.

—¿Y es así como esperas ganarte mi amor, invadiendo mi sitio de trabajo, poniendo en peligro mi empleo?

—Aunque no lo creas, estoy aquí por una razón importante, amada mía... El Centro contiene uno de los sistemas más poderosos de España, ¿no es cierto? En esta unidad principal hay información secreta y valiosa sobre mucha gente, incluso sobre el gobierno español.

—Uno de nuestros más fieles clientes, sí...

—Muchas ramas[17] del gobierno se han informatizado gracias a tu Centro, Marisol.

—Todo eso es verdad, pero...

—Ahora, querida, soy yo el dueño de los bancos de datos de tu estimada unidad. Controlo sus funciones, su memoria y su poder.

---

[13]*flash* [14]*se... moved* [15]*transmitters* [16]*lose my temper* [17]*branches, departments*

—¿Qué... qué piensas hacer con ese poder?

—Voy a dártelo a ti.

—Pero yo no te he pedido nada —le reproché. Él continuó con su monólogo de loco...

—De aquí saltaré a otros sistemas del país. Y con cada salto seré más poderoso, más digno de ti. Si lo deseas, puedo entregarte el cerebro del mundo.

—¿El cerebro del mundo? —dije, forzando la risa—. ¡No existe tal cosa!

—Sí existe, y bien lo sabes.

—Te refieres a la red mundial[18]...

—Por ahí podría comenzar, sí. Sería tan fácil sabotear la red, infectarla, apropiarme de todos sus sitios y todos sus mensajes. Por ti y para ti, Marisol. Mi regalo.

—No quiero más regalos tuyos, y mucho menos el regalo de un crimen tan grande. ¡Lo que quiero es que te vayas!

—¿Tan pronto?

—¡Desaparece de mi vida!

—Está bien, Marisol; me voy por el momento.

—Mejor para siempre.

—No me pidas eso, amada mía. Quiero verte pronto, esta misma noche... Voy a compartir un gran secreto contigo. Te espero en el cuarto de las simulaciones a las doce en punto.

—¿La hora de las brujas?[19] —dije burlonamente.

Alfonso se echó a reír, y su imagen empezó a esfumarse. Sus últimas palabras dejaron en el cuarto un eco lento y lánguido:

—Medianoche. ¡No faltes a la cita!

Se fue y yo me quedé sentada, inmóvil. Pasaron los minutos, diez o quince, y la figura hológrafa de aquel hombre no volvió a aparecer.

---

[18]red... *World Wide Web*   [19]¿La... *The Witching Hour?*

No tenía la menor idea de cómo iba a contarle al Sr. Barroso lo que había ocurrido. ¿Con qué palabras podía describir a Alfonso? Ni yo misma sabía quién o qué era: ¿un mago,[20] un demonio, un espíritu? ¿O sólo un típico y sucio pirata del ciberespacio?

Le expliqué la situación al jefe como pude. Él hizo un esfuerzo por escuchar aquella historia de un coleccionista de arte que me estaba persiguiendo, y que se me aparecía en forma de holograma. Ese hombre llamado Alfonso Navarrete era el responsable del virus. Él era el criminal.

—¡¿Pero qué está diciendo?! —preguntó el jefe, incrédulo—. ¿Piensa que voy a creerle ese rollo de ciencia ficción?

—Es la verdad. ¡Se lo juro!

—Llamaré a la policía ahora mismo.

—No, por favor. No va a conseguir nada con eso.

—¿Y qué otra alternativa me queda, Marisol? No puedo quedarme así, de brazos cruzados, mientras usted tiene su fantasía con un holograma.

—No es mi fantasía...

—Tendré que comunicarme con el presidente de la compañía.

—No, no involucre al presidente. Le prometo que voy a resolver este problema.

—Entonces, ¿se confiesa culpable?

—¡No! Pero sé quién lo es. Por favor, Sr. Barroso —le imploré—, déme un día para arreglarlo todo. Mañana las cosas volverán a la normalidad, se lo aseguro.

¡¿Cómo podía yo hacer tal promesa?! ¿Cómo podía estar tan segura? Mi jefe se quedó reflexionando unos minutos.

---

[20]*wizard*

—Otra persona en mi lugar —dijo después —la denunciaría a usted de inmediato, y no la dejaría volver jamás a esta empresa. Pero quiero confiar en sus palabras, Marisol. Quiero creerle.

—Veinticuatro horas. ¡Es todo el tiempo que le pido!

—Está bien. Pero ni un segundo más.

—Gracias, Sr. Barroso.

—Tenga mucho cuidado, Marisol.

—No se preocupe. Me cuidaré.

❋

Salimos a cenar mi hermana, Javier y yo. Durante la cena, planeamos el siguiente paso de nuestro plan. Yo tenía que ir a encontrarme con Alfonso a la medianoche; los tres estábamos de acuerdo en eso. Ésta era la oportunidad ideal para conseguir una prueba, la confesión incriminatoria de Alfonso Navarrete.

—Lo más factible[21] —me explicó Javier —es que lleves una micrograbadora[22] insertada en el cabello. Yo iré contigo. Tendré un receptor conectado a tu grabadora y podré escucharlo todo. Me quedaré escondido en algún sitio, cerca del cuarto, en el coche tal vez. Lo importante es que sea cerca. A la menor posibilidad de peligro, entro a ayudarte, Marisol.

—Sí, claro —le dije—. Todo va a salir bien, ya verás.

—Todo *tiene* que salir bien —afirmó Rocío.

En el fondo,[23] yo no confiaba en aquel plan. Alfonso me había demostrado que podía leerme el pensamiento. ¿Cómo íbamos a lograr burlarnos de él? Si Alfonso sabe lo que pienso y lo que siento —me dije a mí misma—, va a

---

[21]*feasible, practicable*   [22]*miniature tape recorder*   [23]*En... Deep down inside*

descubrirnos fácilmente. Quizás hasta pueda vernos aquí, armando este complot,[24] esta aventura que parece sacada de un *bestseller* de misterio, o de una película de acción. Quizás esté riéndose de nosotros en este preciso instante, como un dios malvado[25] y juguetón, observando nuestros pequeños esfuerzos.

Lo confieso: tenía miedo. Javier y yo podíamos ser presas[26] fáciles de Alfonso. Pero traté de encontrar fuerza y fe dentro de mí. Quise creer en las palabras de Rocío: *Todo tiene que salir bien.* No nos queda otra alternativa, concluí. Y partimos. Mi novio y yo fuimos a la mansión de Argüelles: la guarida[27] del monstruo.

---

[24]*plot, plan* [25]*wicked* [26]*prey* [27]*lair*

Capítulo 2

Nos sorprendió lo fácil que fue entrar en la mansión. El portón de rejas[28] estaba abierto. Al pasar por el jardín, recordé lo que Alfonso me había dicho la noche de la fiesta, que su casa estaba bien protegida. ¡Sin duda yo era la invitada especial del dueño!

—¿Estás segura de que quieres hacer esto, Marisol? —me preguntó Javier, aprensivo.

—Sí, lo estoy —le respondí, y nos abrazamos.

—A la menor señal de peligro, entro. ¿De acuerdo?

—De acuerdo.

Javier se quedó escondido[29] detrás de unos arbustos[30] y yo caminé a la puerta de aquel cuarto, en el traspatio de la casa. Me tranquilicé pensando que mi novio estaba cerca, que sería testigo de todo.

Se abrió la puerta y entré. Había una oscuridad completa. Sentí un escalofrío[31] y luego me cegó[32] una luz muy fuerte.

—¡Bienvenida, Marisol! —le oí decir a Alfonso—. Te he estado esperando.

La luz empezó a disminuir y se hizo tenue. Pude enfocar la vista y noté entonces que la obra de Dalí, *La persistencia de la memoria*, ya no estaba en el estudio. En su lugar

---

[28]portón... *wrought-iron gate*   [29]*hidden*   [30]*bushes*   [31]*chill, shiver*
[32]*blinded*

se encontraba aquel cuadro de las mujeres semidesnudas. ¿Cuál era su título? No podía recordarlo. Escuché entonces la voz suave de Alfonso.

—El cuadro se titula *Vida* —respondió, como si hubiera escuchado[33] mi pregunta.

Al decir aquellas palabras, Alfonso emergió de la oscuridad. Había algo diferente en él. Era su ropa. ¡Parecía estar disfrazado[34] para un carnaval! Llevaba pantalones negros muy apretados, como mallas,[35] camisa blanca de volantes,[36] y una chaqueta color púrpura con pliegues[37] en los hombros. Le colgaba una larga capa negra. Quise ubicar[38] su estilo. ¿Siglo diecisiete, dieciocho?

—Mi atuendo[39] es una mezcla de varios estilos —dijo, otra vez adivinando mis pensamientos—. La capa, por ejemplo, estaba muy de moda a finales del siglo diecinueve, una de mis épocas favoritas.

—La era de los dandys —comenté.

—Exactamente —declaró él, cubriéndose del todo con la capa.

—El suicidio también estaba en boga.

—Sí. ¡Cuán[40] bien lo sé! Pasiones grandiosas, amantes románticos y decadentes, muertes en nombre del amor... Me gustó mucho vivir en esa época.

—¿Te gustó «vivir»? ¿De qué estás hablando, Alfonso?

—Estoy hablando del pasado, ¡del tiempo!

—Temas muy interesantes, pero...

—Siéntate y ponte cómoda —me interrumpió, quitándose la capa—. Voy a narrarte una historia difícil de creer y aun más difícil de contar.

—Te escucho —le dije, y me senté sobre unas almohadas.

---

[33]como... *as if he had heard*   [34]*in costume*   [35]*tights*   [36]*ruffles*   [37]*pleats*
[38]Quise... *I tried to place*   [39]*attire, outfit*   [40]¡Qué

—Marisol, yo... yo soy un hombre condenado.

—¿Cuál es tu condena? —le pregunté, siguiéndole el juego.

—Vivir eternamente.

—¡Otra fantasía absurda!

—Te estoy diciendo la verdad. Fui víctima de un hechizo[41] hace ya muchos años... siglos.

—Tenías razón, Alfonso. Tu historia es difícil de creer.

Más que difícil, aquella confesión me parecía ridícula, digna de un ser desconectado de la realidad. Ahora estaba segura: Me encontraba en presencia de un demente.[42] Pero la historia fantástica de aquel supuesto loco terminaría por convencerme.

—No te miento, Marisol —dijo Alfonso después de una larga pausa—. Todo empezó para mí un día del siglo XI... Yo era uno de los soldados del Mío Cid.[43] Luché en su armada contra los moros.[44] Era un guerrero implacable, feroz. Maté a mucha gente. Hasta un día... cuando alguien me obligó a enfrentarme a todos mis crímenes.

—¿En qué manera te enfrentaste?

—Ahora te cuento... Fue una noche después de un día de batalla, en Valencia. Yo estaba durmiendo junto a una fogata[45] en el campamento. Escuché unos pasos leves, abrí los ojos y descubrí a mi lado a una niña árabe. Se veía triste, abandonada. Se me acercó y me dijo: «Eres muy cruel. Por tu culpa estoy sola en el mundo». Traté de decir algo y no salió ningún sonido de mis labios. «¡Mataste a mis padres!», exclamó la niña, llorando. «¿Por qué lo hiciste?» Quise desenfundar mi espada,[46] pero se me había paralizado el

---

[41]*spell* [42]*madman* [43]Rodrigo Díaz de Vivar, más conocido como el Mío Cid, nació en Burgos en 1043 y murió en Valencia en 1099. El Cid peleó contra los moros y se convirtió en personaje legendario a partir del siglo XII. [44]*Moors (The Arabs occupied Spain from 711 to 1492.)*
[45]*campfire* [46]desenfundar... *to unsheath my sword*

brazo. «¡Soldado criminal! ¡Por culpa tuya estoy solita!» Tras[47] decir esas palabras, la niña echó a correr. Corrí tras ella, la perseguí durante largo tiempo. Por momentos casi podía tocarla y luego se escondía. Al fin descubrí una chispa de luz en la oscuridad de la noche. Eran, más bien, dos chispas pequeñas en forma de ojos. Me acerqué a aquel lugar de donde salía la luz y, de pronto, se apagó. «¡Deja de esconderte, niña!» grité. «¡Quiero verte!» Tuve entonces una sensación perturbadora. La oscuridad y el silencio eran completos y me sentía sumergido en una soledad total, experimentando el miedo por primera vez en mi vida. Estaba solo y sin embargo había una presencia invisible allí, cerca de mí, que me observaba. Caminé sin rumbo,[48] buscando a la niña, llamándola toda la noche.

—¿Y no pudiste encontrarle?

—No, nunca apareció. En algún momento me quedé dormido; estaba exhausto. Me desperté con los primeros rayos de sol, en medio de un valle desierto. El cuerpo me dolía, sobre todo la cabeza, y sentía un ardor[49] en los ojos. Cuando volví al campamento descubrí, sorprendido, que los soldados ya no estaban.

—¿Qué hiciste, entonces?

—Regresé a mi casa, a mi esposa, y abandoné la armada del Cid Campeador. Nunca más volví a ser guerrero.

—¿Piensas que fue esa niña quien te condenó?

—Quizás... para vengar la muerte de sus padres.

—Apenas podías verle en la oscuridad. ¿Cómo puedes estar tan seguro de que era árabe?

—Porque de no serlo,[50] no me hubiera acusado[51] de matar a su familia. Es muy probable que haya sido yo responsable de ese crimen.

---

[47]After [48]sin... aimlessly [49]burning sensation [50]de... if she hadn't been [51]no... she wouldn't have accused me

—Una niña abandonada no es capaz de hacerle daño[52] a nadie. ¡Y mucho menos de realizar hechizos!

—La magia puede hacerse a cualquier edad, Marisol. No es sólo el reino[53] de los viejos.

—Tu historia es fascinante, Alfonso. Pero totalmente racista.

—¿Qué quieres decir?

—Según tu relato, los moros son seres diabólicos, mágicos y vengativos.[54] Es la visión prejuiciada que se tuvo en España por mucho tiempo. Por suerte la gente ya no piensa así. Hoy celebramos la cultura riquísima que los árabes nos dejaron.[55]

—No te he pedido una lección de historia, Marisol.

—Pues a mí me parece que la necesitas.

—¡La historia la he vivido yo en carne propia[56]!

—Lo que me cuentas no tiene sentido ni lógica, Alfonso.

—Estoy de acuerdo. Mi vida no se puede explicar con el lenguaje de la lógica... Yo no sé quién me convirtió en lo que soy. A veces pienso que me condené a mí mismo, y que la niña árabe simplemente me hizo ver la verdad de mis crímenes. Pero lo cierto es que después de aquella aparición, todo cambió para mí.

—¿En qué manera?

—Me convertí en un vagabundo. Pasaron los años, muchos años, y un día me miré al espejo y me di cuenta de que no estaba envejeciendo. ¡Estaba condenado a existir eternamente!

—Pero la vida eterna no es un castigo,[57] Alfonso; es más bien un regalo maravilloso.

---

[52]hacerle... *harming* [53]*realm, kingdom* [54]*vengeful* [55]Muchas fueron sus contribuciones. Entre los árabes había historiadores y matemáticos, astrónomos, médicos, filósofos, arquitectos. Los árabes también hicieron innovaciones en la agricultura; a ellos se les debe el sistema práctico de riego (*irrigation*) en España. [56]en... *in the flesh* [57]*punishment*

—Es la peor de todas las venganzas, Marisol. Porque para poder vivir, tengo que destruir a otros seres humanos. Mi destino es siempre destruir, sin poder evitarlo.

—Y te atormenta la destrucción que causas.

—Sí, es una tortura para mí, porque no puedo cambiar mi destino. No quisiera morir, no, pero tampoco deseo causar tanto sufrimiento. Todas mis víctimas son siempre mujeres... mujeres jóvenes y hermosas.

—¿Por qué son siempre mujeres?

—Porque les gusto, tal vez, y son fáciles de conquistar. Se enamoran de mí y luego... yo me sirvo de ellas, de su vida, para continuarme.

—Como un vampiro.

—Sí, pero no como el ridículo vampiro de las leyendas, que les chupa[58] la sangre a sus víctimas. No. Yo les robo la energía mental, y eso es peor que darles muerte.

Hubo una pausa que aproveché para reflexionar, para asimilar los detalles del relato de Alfonso. Quería encontrar un argumento contra la magia de aquel loco, alguna razón para explicar o negar su poder. Según él, su mundo no admitía explicaciones lógicas. Pero mi única arma posible era precisamente la verdad de la ciencia, mi conocimiento.

—Así que les robas la «energía mental» a tus víctimas —le dije—. Pero la energía mental no es un elemento que flota en el aire. No es un tipo de gas o de humo que existe fuera de la mente humana. Esa energía sólo puede existir en el mundo interior de una persona. Y sólo puede afectar la realidad subjetiva, íntima, de esa persona.

---

[58]*sucks*

Alfonso me ofreció una leve sonrisa. Luego comentó:

—Qué fácilmente aceptas lo que te dice la ciencia: No existe la telepatía. No existe la telequinesia.[59] Nadie puede leer los pensamientos ajenos, y mucho menos extraerlos. ¿No es así?

—Así es, Alfonso. Eres tan ridículo como ese otro vampiro de las leyendas. Tu poder es científicamente imposible.

—Imposible en el pequeño mundo material que habitan los seres humanos, ¡que habitas tú!

—Pues ese pequeño mundo es el único en el que yo creo.

—No es verdad lo que dices, Marisol. También crees en Dios, y no tienes prueba de su existencia.

—Cierto. Pero la fuerza de Dios la llevo yo adentro. Existe en mi fe y en mi alma, en mis buenos actos.

—El poder de los «buenos actos» es débil comparado con la fuerza que vive en mi espíritu.

—¿La fuerza del Mal?

—Si así quieres llamarle.

—¡Qué horror! —exclamé, convencida por completo de la maldad de aquel hombre. Y me atreví a preguntarle—: ¿Qué les ocurre a tus víctimas... finalmente?

—Después de conocerme, las chicas empiezan a verme por todas partes. Pierden su voluntad y se dejan convertir en esclavas... en mis esclavas. Y siguen viviendo el resto de su vida como autómatas, sin pensamientos.

Alfonso caminó hacia mí lentamente. Yo no quería mirarlo, no debía dejarme seducir. Mi mente y mi corazón lo rechazaban, pero mi cuerpo pedía el contacto de su piel, la fuerza de sus brazos, la pasión de sus besos.

---

[59]el poder de mover objetos con la mente

Me puse de pie, consciente de que estaba cayendo en una trampa.

—No tengas miedo —dijo él—. No voy a hacerte daño.

—Entonces, ¿no soy una más de tus esclavas?

—No, tú no. A ti te he contado la verdad. Nadie, nunca, ha escuchado mi historia.

—¡Qué suerte la mía!

—Cuando te conocí, pensé que serías una más, Marisol. Pero luego me di cuenta de que eras diferente.

—¿Diferente de qué forma?

—Te pareces a una mujer a quien quise mucho cuando era un hombre normal, soldado del Mío Cid.

—Esa mujer... ¿era tu esposa?

—Sí. Se llamaba Marina. ¡Cuánto la amaba!

—¿Qué le pasó a Marina?

Alfonso no respondió, sólo dio un suspiro. Vi entonces que se acercaba a la puerta y la abría, dejando entrar la luz de la luna en el cuarto. En la inmensidad del cielo brillaban las estrellas. Desde mi sitio podía observarlas; eran llamas minúsculas, pequeños puntos de vida en el oscuro vacío de la noche.

Alfonso se quedó allí, en el marco de la puerta, mirando hacia el cielo. ¿Qué estaría pensando? ¿Qué vería él allá arriba? Después de un largo silencio, su silueta imponente hizo un leve movimiento. Lo escuché suspirar otra vez. Miró hacia mí, y dijo entonces:

—Marina murió.

—¿Por tu culpa?

—Sí. Marina fue mi primera víctima. Pero yo no sabía, ¡te juro que no sabía de mi poder!

—¿Quieres contarme lo que pasó?

—No sé si pueda.

La puerta se cerró de golpe y quedamos de nuevo sumergidos en la oscuridad. Alfonso se sentó a mi lado.

—Cuéntame lo que pasó —le pedí.

—Es muy doloroso recordar todo aquello, Marisol.

—Inténtalo —insistí.

—Está bien. Lo intentaré... Después del encuentro con la niña árabe, regresé a mi casa, feliz de estar con mi esposa otra vez. Pasaron varios días y una noche me desperté, ansioso, sintiendo una presencia en el cuarto, algo invisible pero casi palpable. Me quedé paralizado allí unos minutos...

—Continúa, por favor.

—Sentí en los ojos un calor intenso; traté de cerrarlos y no pude. Observé entonces a mi esposa que dormía tranquilamente a mi lado. La desperté haciéndole el amor. El ardor en los ojos continuaba, y también me ardía la cabeza. Pero aquel calor no era producido por la pasión del sexo. Había una fuerza desconocida que me impulsaba, que controlaba mis movimientos. Me puse de pie con esfuerzo. Quería estar lejos de Marina. Tenía una premonición; algo horrible iba a ocurrir si me quedaba allí. «No te vayas, por favor», me pidió ella, y volví a su lado. Segundos más tarde empezaron a moverse las paredes, el piso. Y de mis ojos a los ojos de Marina comenzó a fluir un río de luz. Mi esposa gritaba; eran gritos desesperantes. ¡Yo la estaba matando y no sabía cómo impedirlo! Una voz que venía de mis adentros me dijo entonces: «Éste será tu destino, soldado». Y cesó[60] la transmisión de luz. Ahora me sentía eufórico, impulsado por una nueva energía. Miré a Marina, inerte sobre la cama, vacía de vida. Me di cuenta de lo que había pasado, y me puse a llorar como un niño.

—La mataste.

—Sí, porque no sabía en aquel momento cómo detener el hilo de luz. Mucho tiempo después aprendí a manejarlo. Aprendí a extraer energía sin matar por completo a mis víctimas.

---

[60]*stopped, ceased*

—Entonces, ése es tu verdadero castigo, Alfonso: Asesinaste a la mujer que amabas.

—¡Perdóname, Marina! —exclamó, abrazándome.

—Yo no soy Marina —le dije, rechazando su abrazo.

—He pasado mi larga vida esperando el regreso de mi esposa, deseando su perdón. Y ahora, gracias a ti...

—Cada cual ve lo que quiere ver, Alfonso. Tú mismo lo has dicho.

—Sí, y en ti quiero ver a Marina. Ella existe en tu mirada y en tu cuerpo.

—¡Eso es absurdo!

—Por eso voy a darte vida eterna. Sé cómo hacerlo. He aprendido a compartir el fuego interminable de mis venas. Puedo inundar tu piel y protegerte del tiempo. Serás siempre joven.

—Yo no te amo, Alfonso. No puedes obligarme a nada.

—No voy a obligarte. Sólo te pido que me des la oportunidad de ofrecerte mi amor, de demostrarte mi poder.

—Ya conozco tu poder. ¡Suficientes pruebas me has dado!

—Estás pensando en tu Centro, ¿verdad? Quieres saber cómo logré entrar en la unidad principal. Fue fácil. Puedo penetrar cualquier cerebro, también los cerebros artificiales. Pero no te preocupes, Marisol. Desde este momento la unidad funciona como siempre, libre de mi «virus».

—Gracias —dije, sarcástica.

—Aunque el Centro no debe importarte, querida, porque no vas a volver a ese lugar. Mereces[61] algo mejor, mucho más digno que ese simple trabajo.

—¡¿Cómo te atreves a decidir mi futuro?!

—Perdóname, yo...

---

[61]*You deserve*

—¿Así esperas conquistarme? Qué poco me conoces en realidad.

—Te pido mil perdones.

—No eres un don Juan muy convincente.

—Me insultas, Marisol. ¡Don Juan era un imbécil!

—Si tanto sufres por destruir a otros seres humanos, entonces, ¿por qué no dejas de hacerlo? Deja ya de «robar» mentes, Alfonso.

—No puedo. Mi destino...

—¡Olvídate de ese destino!

—Eso es imposible.

—Renuncia a la vida eterna.

—¿Qué ganaría yo con eso?

—Tal vez —murmuré— estés a tiempo de salvarte.

—¿Salvarme de qué? La salvación para mí eres tú. Ahora que te he encontrado, quiero vivir contigo para siempre... Marina.

—Yo no soy tu esposa, Alfonso. ¡Y no te amo!

—Pero me deseas, y aprenderás a amarme.

Alfonso me besó en los labios, despertando otra vez mi deseo. ¡Cuánto me gustaban sus besos! Me encontraba frente a un monstruo, una aberración inexplicable, un ladrón de la mente. Pero ahora por lo menos estaba segura de que me perseguía por amor. Ahora conocía su secreto.

Rodrigo Díaz de Vivar (1043–1099), más conocido como el Mío Cid. El poema épico *El Cantar de Mío Cid*, que cuenta las hazañas (*heroic feats*) de este guerrero legendario, es uno de los textos más representativos de la época medieval.

El palacio de la Alhambra. La palabra *alhambra* significa «castillo rojo».
Este castillo sirvió como palacio principal de los moros en Granada, la
capital del reino árabe en aquel entonces. La construcción se inició en
1238 y no se terminó hasta finales del siglo XIV.

La mezquita de Córdoba. Durante los ocho siglos que vivieron en
España, los árabes hicieron contribuciones importantes a la sociedad.
Fueron expulsados en 1492, pero su presencia se siente todavía en
Granada y Córdoba.

La aventura

Capítulo 1

Tenía que escapar de allí, encontrarme con Javier. Ya habíamos conseguido las pruebas que necesitábamos: la confesión de Alfonso Navarrete. ¿Se habría grabado?[1] ¿La habría podido escuchar Javier[2] con su receptor? ¿Qué estaría pensando él de esta historia macabra de Alfonso? Angustiada, pensé que quizás a mi novio le había pasado algo.

—No te preocupes por ese chico —me dijo Alfonso, leyéndome el pensamiento—. Javier te quiere, pero su amor es pequeño y efímero[3] comparado con el mío. ¡Olvídate de él!

—Me es imposible olvidarle —reaccioné, convencida por fin de lo mucho que amaba a Javier—. No puedo olvidar al hombre con quien pienso casarme.

—¡Nunca! Serás mía solamente. Me perteneces.[4]

—¡Nadie es dueño de mi vida! No soy una de tus débiles «esclavas», ¿me entiendes? No vas a poder forzarme a nada.

—Ya te lo he dicho. No pienso forzarte.

—En cualquier momento va a llegar Javier con la policía y terminarán tus abusos. Ahora tenemos pruebas.

—No me hagas reír, querida —dijo Alfonso, arrancándome[5] del cabello la micrograbadora—. ¿Esperabas

---

[1]¿Se... *Had it gotten recorded?*   [2]¿La... *Had Javier been able to hear it*
[3]*ephemeral, short-lived*   [4]Me... *You belong to me.*   [5]*tearing out*

conseguir tu evidencia con este primitivo mecanismo? Vuestro ingenuo plan ha llegado a su fin. En el fondo sabías que no iba a resultar.

—¿Qué le ha pasado a mi novio? ¡¿Qué le has hecho[6]?!

—Nada. Javier duerme en uno de los muchos dormitorios de mi casa. No pienses más en él. Ese chico ya no existe para ti.

Tuve la sensación de estar flotando. Sentía vértigo. Escuché una voz de hombre que me decía... *¡La aventura comienza!* Traté de mantenerme lúcida a pesar de mi letargo.

—Voy a mostrarte mi pasado —le oí decir a Alfonso.

—Tu pasado no me interesa —dije, firme.

—Dame la oportunidad de enseñarte los momentos que he vivido, Marisol, todas las épocas que he presenciado.

—A mí... a mí sólo me importa el futuro.

—Pero al futuro no puedo llevarte. Porque no existe todavía. El porvenir[7] vamos a crearlo tú y yo juntos.

—Conmigo no vas a crear nada.

—¡Viajemos al pasado!

—Es imposible viajar por el tiempo, Alfonso.

—Para mí es factible. Porque la realidad en este cuarto es una proyección de mis ideas, visión de todas las experiencias que he tenido.

—¡Puras simulaciones! —grité—. Imágenes vacías, como las de ese ridículo cuadro en la pared, tu *Vida*. Tu obra maestra.

—Serás mi invitada de honor —anunció Alfonso—, mi pasajera.

—Sí, ¡en un descenso a los infiernos![8]

---

[6]has... *have you done*   [7]futuro   [8]¡en... *on a trip down to Hell!*

—Te llevaré primero al siglo XI. Conocerás al Cid, podrás ver nuestras batallas...

—No, no quiero presenciar tus masacres.

—De acuerdo, Marisol. Mi vida de soldado está llena de dolor, de sangre. Es un pasaje de mi historia que quisiera borrar, como se borran los pensamientos de mis víctimas. ¡Si pudiera[9] hacerlo! Si fuera[10] posible recordar sólo lo hermoso, lo perfecto.

—Entonces, tu poder tiene un límite, Alfonso. No puedes cambiar el pasado.

—Es verdad. Estoy condenado a recordarlo eternamente, sin poder alterar nada.

—Pero sin tus «hazañas»[11] de soldado no serías quién eres: un asesino. No estarías aquí, torturándome, queriendo convertirme en la esposa que mataste.

—Me acusas de un crimen que no quería cometer, Marisol. Te burlas de mis hazañas, pero yo luché por una causa en la cual creía. Castilla tenía que recuperar el poder político. Y yo estaba dispuesto a dar mi vida por ayudar a mi país, por limpiarlo, liberarlo...

—¿Liberarlo de qué? ¿de la raza morisca[12]? ¿de una cultura rica y superior? ¡Qué causa tan noble la tuya!

—No entiendes, Marisol. No eres capaz de entender.

—La sangre árabe sobrevive, eso es lo que yo entiendo. Sigue corriendo por las venas de España a pesar de tus absurdas guerras de limpieza.[13] ¡A pesar de tus crímenes!

Percibí la furia de Alfonso. Me estaba comunicando sus emociones sin decir una sola palabra. Detecté impaciencia en él, desespero. Quería hacerme ver algo —¿su vida?— y

---

[9]Si... *If I could*   [10]*it were*   [11]*heroic feats*   [12]*Moorish*   [13]*guerras... wars of ethnic cleansing*

no podía, porque yo me negaba a ser su juguete. Le mortificaba que yo no supiera, o más bien que no quisiera, entender su realidad, aceptar su amor y sus promesas.

Mi perseguidor no se esperaba tanta resistencia de mi parte. Pero estaba logrando su objetivo, envolviéndome en su misterio y en su fantasía. Yo todavía pensaba con lucidez, pero iba perdiendo control de mis facultades gradualmente. Mi voluntad pronto sería de Alfonso. No me quedaría otra opción más que aceptar las reglas de su juego, y jugarlo con él.

Volví a sentir el vértigo, ahora más intenso, y sufrí un lapso momentáneo de la memoria. De repente me olvidé de dónde estaba, de quién era. Cerré los ojos, y empecé a escuchar una melodía distante. Era la misma extraña canción que había escuchado en la fiesta de Alfonso.

—Está bien —dije entonces, sorprendida de aquellas palabras que salían de mis labios—. Llévame contigo.

Abrí los ojos. ¡Qué sorpresa me esperaba! Ya no me encontraba en el cuarto de las simulaciones, sino en el Café Gijón con Carmen y Alfonso. Una voz me susurró: *Aquí estamos, en el comienzo, cuando nos conocimos.* Y me vi a mí misma conversando con el supuesto novio de Carmen. Mi amiga estaba muy callada. Alfonso me hacía preguntas y yo hablaba... y hablaba.

La voz volvió a resonar en mis oídos: *Ésta es la historia de nuestro romance, que ha sido breve pero será eterno...* Y en cuestión de segundos me transporté al piso donde vivo, aquella mañana cuando Alfonso nos trajo a Rocío y a mí el desayuno y nos invitó a su fiesta.

Desde ese momento las escenas aparecieron velozmente,[14] siempre con una textura tan real, tan palpable, que me parecía estar viviéndolas de nuevo: la fiesta, cuando Alfonso me mostró su cuadro de mujeres transformadas en

---

[14]*swiftly*

nubes; mi cuarto lleno de rosas que él me envió; nuestras noches de baile, nuestras cenas; las escenas de amor apasionado, los besos; la aparición hológrafa de Alfonso en el Centro, en la plaza de Móstoles; mi llegada a su cuarto esta noche; el relato de su encuentro con la niña árabe; la muerte de su esposa... Todo, todo lo estaba presenciando de nuevo, como si fuera[15] espectadora de una película interminable.

Pero el final de aquel recuento[16] llegó súbitamente.[17] La voz de Alfonso anunció la próxima fase de nuestra aventura:

—Querías darme una lección de historia. Pues aquí tienes la historia, Marisol, ¡tal como yo la viví! Verás los sitios legendarios de esta tierra, lugares y gente que conoces sólo por los libros. Presenciarás la embrujada[18] Alhambra de los reyes árabes, esa cultura que tanto admiras. Y porque sé que amas las obras maestras de tu patria, conocerás la España de Cervantes[19]: aquella región de la Mancha donde el hidalgo[20] don Quijote encarnó[21] sus sueños; allí donde salvó doncellas y combatió a los monstruos convertidos en molinos.[22] Te mostraré el pueblo de Guernica antes del bombardeo fascista, y a Picasso convirtiendo ese trágico evento en una obra de arte. Verás todo eso y más. Viajarás junto a mí, Marisol... ¡Marina!

Yo volaba de la mano de Alfonso, presenciando aquellas épocas y sitios. Ya no existía en cuerpo, sólo en espíritu, y mi espíritu era testigo de los eventos de la historia. Pensé

---

[15]*I were* [16]*summary* [17]*suddenly* [18]*bewitching* [19]Miguel de Cervantes (1547–1616) es el más importante novelista de la lengua española. Su obra maestra, *Don Quijote de la Mancha* (1605), se considera la primera novela moderna. Las aventuras del legendario don Quijote son conocidas mundialmente. El personaje es famoso, en parte, por sus sueños de ser caballero (*knight*) y por sus fantasías. [20]*nobleman* [21]*made real* [22]*windmills*

en lo mucho que hubiera disfrutado[23] Javier de aquella
travesía.[24] ¡Qué banquete para sus ojos de periodista!

Caminé, extasiada, por el Patio de los Leones y todos
los salones de la Alhambra durante el reino de los moros.
¡Estaban los reyes! Los noté felices, incapaces de imaginar
su futura expulsión del paraíso ibérico. Y observé a Miguel
de Cervantes mientras llenaba cuartilla[25] tras cuartilla,
componiendo su famosa novela. Pude apreciar el esplendor

---

[23]hubiera... *would have enjoyed*   [24]*voyage, journey*   [25]*sheet of paper*

de Toledo cuando era la capital de España. Y más... y más. Eran tantos los paisajes que desfilaban[26] frente a mis ojos, tantas las voces de figuras célebres que se hacían escuchar.

Una de esas voces persistía, recitando un verso que yo interpreté como mensaje... *Es un sueño la vida, pero un sueño febril.* Era Gustavo Adolfo Bécquer, poeta romántico que yo había leído en mi adolescencia. No vi nunca su rostro durante mi aventura, pero el significado de sus palabras pesaba sobre mí como una sentencia. Sí, mi vida parecía ser un delirio causado por la fiebre, un sueño febril...

Pero algo me impulsaba a combatir el trance. Algo me daba fuerza para seguir alerta. Esto es un truco magnífico, pero truco al fin —me dije a mí misma. Como si estuviera mirando una típica serie de televisión, un programa de ciencia ficción. Después del espectáculo visual, descubriré que todos los «efectos especiales» son producidos por una máquina sofisticada, algún tipo de generador futurista. Y entonces el Mago o el Vampiro o el Extraterrestre resultará ser un gran científico, un genio sin poderes mágicos, pero con gran conocimiento de tecnología.

Nadie puede viajar así por el tiempo. Estoy presenciando imágenes y nada más —seguía repitiéndome. Sí, eran proyecciones con olor y aparente consistencia. Todas las cosas parecían ser reales y me rodeaban, pero yo no podía tocarlas. No me sentía parte de aquellos lugares, sólo una admiradora de su belleza.

Así deben sentirse los ángeles —pensé, mientras volaba. Como testigos silenciosos del mundo, observadores distantes, espectadores solitarios de las acciones de la gente. Me invadió una profunda tristeza y sentí compasión por los ángeles. Yo no quería ser uno de ellos.

---

[26]*paraded*

Comencé a descender. Los sitios que había visitado se proyectaron frente a mí, todos a la vez. El caos era asfixiante. ¡No podía respirar! Traté de calmarme, y de pronto me vi otra vez en el cuarto de Alfonso, acostada. El lugar estaba en penumbras[27] y hacía frío.

—Despierta ya, querida —me pidió Alfonso—. Hay alguien aquí que quiere hablar contigo.

Me puse de pie y traté de caminar. Tenía mareo. Di unos pasos, pero tuve que volver a sentarme. Fue entonces cuando noté otra presencia en el cuarto. ¡Era Carmen!

—¡Carmen! —exclamé, feliz de verle—. ¿Estás bien?

Ella, sin responder, se sentó a los pies de Alfonso. Él comenzó a acariciarle el cabello.

—Debemos estarle agradecidas a nuestro Amo[28] —dijo Carmen, sus ojos fijos en el vacío—. Él ha hecho posible este último encuentro entre nosotras, antes del Sueño Final.

—Yo no tengo nada que agradecerle a ese señor —declaré, apuntando para Alfonso.

—Te llamé, Marisol, y no contestaste mi llamada —me reprochó mi amiga.

—¡Es que no estaba en casa, Carmen! Cuando escuché tu mensaje...

—Necesitaba tu ayuda —me interrumpió—. Estaba desesperada, volviéndome loca y sin poder entender qué me causaba esa locura. Muchas de mis compañeras parecían estar así también, como yo, alucinando cosas. Todas abandonamos el colegio y vinimos aquí. Todas... aquí.

—¡Tus víctimas! —le grité a Alfonso, enfurecida. Él no reaccionó. Carmen siguió narrando su terrible experiencia:

---

[27]*semi-darkness*   [28]*Master*

—Dentro de mi locura, pensé en ti, Marisol. Pensé que quizás podrías[29] ayudarme. Tú parecías ser más fuerte que yo. Pero me equivoqué, pues aquí te encuentras como todas nosotras. Ahora también tú servirás a nuestro Amo. Te entregarás a él... como lo hago yo.

—¡No, Carmen! Nadie es «amo» de nadie. ¡No dejes que Alfonso te destruya! Eres tú quien tiene que ser fuerte. Enfréntate a él. Dile que no vas a ser su esclava. ¡Despierta, amiga mía!

Carmen miró hacia Alfonso, quien seguía acariciándola. Pero su mirada no era desafiante; era más bien la humilde mirada de un sirviente.

Alfonso estaba sonriendo. Sus ojos brillaban; se habían llenado de luz, y esa misma luz inundaba ahora los ojos de Carmen. Me acerqué a mi amiga y la sacudí por los hombros, le grité, pero Carmen se había transformado en una muñeca de trapo.[30]

—¡Monstruo maldito! —exclamé, y eché a correr, atravesando el patio.

De repente me vi dentro de la mansión. No sé cómo entré, pero allí estaba ahora, corriendo por sus interminables pasillos. Quería romper las paredes y escapar, convertirme en aire y desaparecer. Sentía que me movía en cámara lenta,[31] sin llegar nunca a una salida. Veía una luz blanca por todas partes. Y detrás de mí escuchaba la risa de Alfonso.

Quise enfrentarme a los hechos. Me había convertido en una mujer indefensa, pasatiempo de un macho. *Damsel in Distress*. Sí, yo era esa típica doncella atrapada y perseguida

---

[29]*you could*   [30]muñeca... *rag doll*   [31]cámara... *slow motion*

por un monstruo. ¿Pero dónde estaba mi príncipe valiente, el apuesto[32] galán que vendría[33] a salvarme del demonio? Quizá —pensé— mi salvador sea un pobre soñador como don Quijote, un hombre cansado, sin fuerzas para rescatar a Dulcinea de las garras[34] del Diablo.

¡Tenía que encontrar a Javier! No a un príncipe ni a un galán ni a un hidalgo, sino al compañero de mi vida. Abrí de golpe todas las puertas, todas aquellas ventanas de cristal opaco. Intenté gritar y al parecer lo conseguí, aunque no tuve la impresión de haber abierto[35] la boca.

—¡Javier! ¿Dónde estás? ¡Javier, te necesito!

Tuve la sensación de que una mano invisible me envolvía, y esta mano me empujaba hacia una habitación al final del pasillo. Vi que la puerta se abría, y descubrí entonces a mi novio tirado en la cama, inconsciente. De pie junto a él estaba Alfonso.

Abracé a mi novio y lo vi despertar. Su sonrisa me alivió. Javier me dio un beso; hizo el intento de decirme algo, pero no pudo. Se puso de pie con esfuerzo, y notó la presencia de Alfonso. Quiso golpearle. Segundos más tarde vi que Alfonso, sin tocar a mi novio, lo levantaba en peso y lo tiraba contra la pared. El pobre Javier cayó al suelo, desmayado.[36]

—Tu valiente héroe —dijo Alfonso, sonriendo con sarcasmo—. El infeliz[37] con quien deseas casarte, Marisol. ¿Qué puede hacer por ti este débil mortal?

—¡Javier! —dije, y corrí a su lado. La mano invisible me retuvo[38] entonces por los hombros, paralizándome. Los brazos de Alfonso me cargaron y me depositaron sobre suaves almohadas.

---

[32]*handsome* [33]*would come* [34]*claws* [35]haber... *having opened*
[36]*unconscious* [37]*wretch* [38]*held, detained*

No podía moverme, pero estaba consciente de todo lo que estaba pasando. Desde mi sitio podía ver a Carmen, quien entraba en la habitación. Y pude ver que también aparecían, una a una, las chicas del colegio. Las compañeras de Carmen caminaban como sonámbulas,[39] y me rodeaban. ¿Qué hacen ellas aquí?, me pregunté a mí misma.

—Yo las llamé —respondió Alfonso—. Vinieron para servirte a ti también, Marina.

Aquel hombre me estaba provocando repulsión, haciéndome experimentar emociones destructivas. Una emoción específicamente: odio,[40] odio profundo. A nadie había detestado nunca como estaba detestando a Alfonso en ese momento.

Sin permitirme hablar, él agregó, dirigiéndose a las chicas:

—A partir de hoy, esta mujer que aquí yace[41] será mi eterna compañera. ¡Vuestra reina!

La luz blanca inundó el lugar, zumbando[42] como el viento de un rincón a otro. Luego viajaba de los ojos de las chicas a los ojos de Alfonso, sin parar. Y todas aquellas mujeres iban cayendo al suelo, desmayadas. ¿Muertas?

---

[39] *sleepwalkers* [40] *hatred* [41] descansa [42] *buzzing*

Capítulo 2

Sumergida en la inercia, víctima de una parálisis total, tuve entonces la siguiente idea: Le haría[43] creer a Alfonso que yo de verdad era Marina. Si él amaba realmente a esa mujer, quizás estaría dispuesto a sacrificarse por su amor.

Traté de hablar sin conseguirlo. Dije entonces con la mente: *Alfonso querido, ¿me escuchas? Ven. Aquí está tu Marina. He regresado.* Y vi que la luz se apagaba, que el vampiro se acercaba y se ponía de rodillas a mi lado.

—Marina... me has llamado —me susurró al oído.

—Sí, Alfonso —dije, ahora con mi voz normal.

—¡Lo sabía! Sabía que ibas a volver a mí.

—Mi pobre esposo —murmuré, acariciándole el rostro—. Tu vida ha sido larga y solitaria.

—Ha sido una vida triste sin ti, Marina.

—Pero ya no habrá más[44] tristeza.

—¿Me perdonas?

—Sí, te perdono.

—¡Qué feliz me haces!

Alfonso se quedó callado por largos minutos. Su silencio empezó a preocuparme. Quizás había descubierto mi mentira. Quizás había decidido participar en mi farsa y divertirse un poco conmigo. Si era cierto que él podía leerme

---

[43]*I would make*   [44]no... *there will not be any more*

la mente, entonces sabía cuál era mi verdadera identidad. Pero yo no podía ya dar marcha atrás.

—Alfonso... he regresado para pedirte algo —dije, tratando de ser firme.

—Lo que quieras, amor mío —respondió él, aparentemente convencido.

—Quiero que abandones este mundo, que dejes...

—No puedo, Marina —me interrumpió—. Estoy condenado a habitar este cuerpo, a existir en forma humana por los siglos de los siglos.

—Te equivocas, querido. Tu condena no es eterna. Puedes ponerle fin.

De nuevo el silencio, durante el cual volví a sentirme derrotada.[45] ¿Cómo iba a lograr engañar[46] a ese soldado maldito y poderoso? Sólo sería posible —me dije a mí misma— si él estuviera dispuesto a ceder, a dejarse vencer y darle fin a su suplicio.[47] Alfonso quiere que yo sea su Marina, y ese deseo puede ser más fuerte que cualquier verdad.

—Libera a tus víctimas —insistí—. No robes más pensamientos.

—Pídeme cualquier cosa, Marina, ¡menos eso!

—Deja de quitarles la vida a todas esas mujeres. Rompe el hilo de luz y energía que conecta tu mente a sus mentes. ¡Hazlo, Alfonso!

Hubo un temblor en el cuarto. Se escuchó un estruendo, como de truenos,[48] y se llenó el lugar de nubes. Eran nubes blancas, grises, negras, nubes cargadas de lluvia.

Llegó a mí la voz de Alfonso, transformada por el miedo.

—Me estás pidiendo la muerte, Marina.

---

[45]*defeated*   [46]*to deceive, fool*   [47]*torment, ordeal*   [48]*estruendo... crashing sound, like thunder*

—Sólo la muerte de tu cuerpo. En nombre del amor que sientes por mí.

—Es que...

—Tu castigo puede terminar si tú lo pides, Alfonso. Usa tu magia para devolverles la memoria a esas chicas. ¡Tienes que romper esta cadena[49] infinita!

—Esta cadena infinita —declaró Alfonso— es la única forma de vivir que conozco.

Las nubes se fueron y el cuarto quedó en completo silencio. Sólo se escuchaba la respiración agitada de mi capturador. Se veía agotado.[50]

—Mi única forma de vivir —repitió.

Alfonso me cargó; sus brazos temblaban. Me depositó en el suelo y pude entonces moverme libremente. Experimenté el primer instante de victoria al notar que ya no estaba paralizada. De pie frente a Alfonso, vi el terror en sus ojos. Sus labios se acercaron a los míos y en su beso percibí un aliento de hielo.

—Cuando te conocí —dijo—, pensé que dentro de ti vivía el espíritu de Marina. Me imaginé, al mirarte, que venías a buscarme, que me ayudarías a encontrar un poco de paz...

El ladrón de la mente miró hacia las mujeres inertes en el suelo. Segundos después las vi moverse. ¡Estaban vivas! Él les pidió, con un gesto, que se levantaran.[51] Ellas empezaron a hacerlo con esfuerzo, lentamente.

—Sé quién eres —continuó diciéndome Alfonso—. No has logrado engañarme ni por un instante. Pero ha sido hermoso imaginar que de verdad encarnabas a mi esposa,

---

[49]*chain* [50]*exhausted* [51]se... *they stand up*

y que obtenía tu perdón. Te estoy agradecido, Marisol, por esta fantasía.

Vi las lágrimas correr por sus mejillas.

—Si yo fuera tu Marina —susurré—, si tu esposa estuviera aquí realmente, te pediría lo mismo que te pido yo.

—La muerte.

—El Bien, Alfonso. No el Mal.

La misma luz de antes, fuerte y cegadora,[52] volvió a zumbar como un ciclón. Se oyó el quejido[53] de una mujer, y después el de otra y otra. Carmen y sus compañeras se reconocían a sí mismas, recuperando el sentido de su identidad. Todas regresaban a la vida y escapaban, dejándome allí sola con el monstruo, y con Javier que todavía yacía en el suelo.

El cuarto quedó ahora en penumbras. Apenas podía distinguir la figura de Alfonso.

—¡Si sólo hubiera podido[54] resucitar así a Marina! —exclamó—. ¡Si hubiera logrado[55] salvarla a ella también, así de fácil!

—No sabías hacerlo, ya me lo has dicho.

—Sí. Pero hay algo que no te dije al contarte mi historia, Marisol, un detalle esencial que no compartí contigo.

—Lo sospechaba.

—Antes de contártelo, dime, ¿de verdad no podrás llegar a amarme nunca?

—Nunca —respondí sin tener que pensarlo—, porque tendría que sentir algo ya por ti. Y lo único que me inspiras es...

—¡Calla! No digas más.

—Lo siento, Alfonso, pero ésa es la verdad.

---

[52]*blinding* [53]*moan* [54]hubiera... *I had been able* [55]hubiera... *I had managed*

—Ya lo sabía, Marisol. Sabía que tu amor sería imposible.

—Alfonso, yo...

—No, no digas nada. Tan sólo escúchame, por favor.

Las palabras de Alfonso iban a transportarme a una escena siniestra que me había descrito[56] antes. Otra vez me sentiría testigo, espectadora de una extraña película.

—¿Recuerdas cómo murió... mi esposa? —preguntó Alfonso, y no esperó mi respuesta—. Estábamos Marina y yo acostados, poco después de hacer el amor. Las paredes empezaron a temblar. Y de mis ojos a los de Marina comenzó a fluir un río de luz. A pesar de los gritos de mi esposa, escuché a alguien decir: «Éste será tu destino, soldado.» Cesó la luz. Miré a Marina, muerta, y me puse a llorar...

—Ya me habías narrado ese triste episodio —comenté.

—Sí, Marisol, pero no te conté lo que ocurrió después. Escúchame bien, pues esta historia nunca volverá a ser narrada.

—Te escucho.

—A través de mis lágrimas vi a la niña árabe, quien se acercaba a mí. Sólo que ahora su rostro había cambiado, como si hubiera envejecido[57] prematuramente. Dejé de llorar cuando oí su voz adulta que decía: «Ahora estás tan solo como yo, soldado. Ahora entiendes lo mucho que sufro». Caminó a la cama y observó a Marina. Luego me miró fijamente y continuó: «Así estarás por mucho tiempo, preso[58] en tu destino de asesino. Y sólo una vez más en tu larga vida sentirás de nuevo el amor. Sí, un día volverás a enamorarte. Conocerás a una mujer en quien verás reflejada a Marina.

---

[56]*described* [57]hubiera... *she had aged* [58]*imprisoned*

La querrás[59] mucho, pero ella no se rendirá[60] fácilmente a tu cortejo. He aquí tu desafío,[61] soldado: Si logras conquistarla, viviréis los dos eternamente juntos, y ya no estarás solo en el mundo. Si fracasas[62] y no consigues que esa mujer se enamore de ti, terminarán tus días para siempre. Morirás en agonía. Y entonces habrás pagado[63] por tus crímenes».

Alfonso se frotó las sienes,[64] como tratando de aliviar un profundo dolor.

—Ya lo ves, Marisol —dijo—. Ahora entiendes por qué te perseguí desesperadamente, y por qué traté de sabotear[65] mi única oportunidad de vida eterna.

—¿Sabotear, dices? No entiendo.

—Puse toda la experiencia de mis muchos años en tu conquista. Quise llegar a ti con todas las armas de mi hombría, con el arte de mi sexualidad. Te hice mi amante, pero sólo en cuerpo. No pude —o más bien no quise— llegar a tu alma.

—¿Por qué? ¿Por qué no quisiste que te amara[66] de verdad?

—Porque en el fondo deseaba, *deseo* morir. Ya no puedo seguir viviendo así, odiando lo que soy y lo que he sido. Odio mi espíritu viejo que ya se cansa de robar. ¡Odio mi vida!

—Si tanto la odias, ¿por qué esperaste tanto tiempo para ponerle fin?

—Por miedo. ¡Qué emoción tan humana! Miedo al castigo de mis crímenes. Miedo a la nada, a la oscuridad eterna.

—La muerte es tan natural como la vida, Alfonso.

—Ojalá que así sea, amada Marisol, pues voy a morir muy pronto.

---

[59]*you will love*   [60]no... *will not surrender*   [61]He... *Behold your challenge*
[62] *you fail*   [63]habrás... *you will have paid*   [64]se... *rubbed his temples*
[65]*sabotage*   [66]que... *me to love you*

Alfonso se acercó a mí para darme un último beso: tierno, tibio, confortante. Me abrazó, y otra vez se echó a llorar. Luego cayó al suelo de rodillas.

—Marisol... ¡Marina! —exclamó—. ¡Tengo miedo!

—No temas —le dije, arrodillada a su lado—. Estoy aquí contigo. No vas a morir solo.

El ladrón de la mente empezó a retorcerse.[67] Parecía estar sufriendo un dolor insoportable, pues se abrazaba a sí mismo, apretándose el cuerpo como si pudiera así posponer su agonía. Yo esperaba nubes, una tormenta, truenos, un terremoto. Esperaba un trasfondo[68] grandioso para la última escena de un drama tan excepcional. Pero no, no hubo nada de eso. Sólo el silencio de la muerte cercana, los quejidos de un débil mortal. ¿Cómo podía terminar así una existencia casi eterna? ¡Qué súbito final estaba viviendo aquel ser extraordinario!

—Marina —dijo Alfonso, llorando—, ¿dónde estás?

—Aquí, a tu lado.

—Ya termina la cadena, Marina. Por fin se acaba todo.

Sentí compasión por él. Pero de inmediato comprendí que su muerte era una muerte necesaria. Nadie podía salvar ahora a aquel hombre moribundo, enamorado.

—¡Marina, me muero! —gritó por última vez.

Y vi que Alfonso se arrugaba como una fruta seca, que adquiría su apariencia verdadera, la imagen repulsiva de un monstruo milenario. Su cuerpo se fue desintegrando, transformándose en pedazos, en ripios.[69] Y lo vi convertirse en un montón de polvo, una minúscula montaña de arena

---

[67]*writhe*   [68]*background*   [69]*shreds*

gris. Creí escuchar entonces la voz triste de una niña, el eco lejano de una maldición[70]...

Y así habrás pagado por tus crímenes.

Javier estaba volviendo en sí.[71] Lo ayudé a incorporarse.[72] Nos abrazamos y salimos de aquel cuarto. Afuera nos esperaba una tibia madrugada de verano. El futuro.

---

[70]*curse*   [71]estaba... *was coming to*   [72]levantarse, ponerse de pie

La Mancha, región donde tiene lugar la novela de Miguel de Cervantes.

La Alhambra. Entre sus salones más impresionantes se encuentra el Salón de los Embajadores (*izquierda*); el Patio de los Leones (*arriba*) también es esplendoroso.

La Alhambra. El Salón de los Embajadores.

Vista de Toledo, cuadro del pintor greco-español Domenico
Theotocopuli (1514–1614), más conocido como El Greco.

Aclaración final

Ha pasado un año desde aquella noche de verano en el cuarto de las simulaciones. En todo este tiempo no he recibido más mensajes ni visitas de Alfonso, y no he vuelto a soñar con él.

He releído mi diario varias veces, siempre con la misma sensación de sorpresa. Al convertirme en lectora de mi relato, he tenido la impresión de que nada me ocurrió a mí, sino al personaje de una novela. Pero la verdad es que ese personaje fui yo, y todo pasó tal como lo cuento.

Relatar la historia de un criminal me ayudó a entender la enorme tragedia de sus crímenes. Escribir sobre un don Juan me hizo pensar seriamente en el amor, me obligó a definir lo que esa emoción significa para mí.

Me preocupa la posibilidad de que Alfonso siga viviendo a través de mi relato, de que se perpetúe su poder en la imaginación de los lectores. Pero confío que del polvo de su cuerpo enamorado, no pueda renacer jamás el alma de un vampiro.

Antes de poner punto final, quiero agregar unos breves comentarios sobre las personas que aparecen en mi relato. Con estas palabras concluye, espero que para siempre, la crónica del ladrón de la mente.

Javier describió así, en un artículo, la experiencia que tuvo aquella noche:

Alguien me golpeó la cabeza cuando esperaba escondido en el traspatio de la mansión. Perdí la conciencia y cuando desperté, estaba en una habitación desconocida.

Vi a Marisol junto a mí y luego a Alfonso muy cerca. Abracé a mi novia y quise protegerla de aquel criminal. Pero una fuerza sobrehumana me empujó[1] y caí al suelo, otra vez sin sentido. Marisol tuvo que salvarse ella sola...

Mi novio dio a conocer[2] de inmediato la existencia de Alfonso Navarrete. En otro de sus artículos, informa:

La policía no encontró cadáver alguno en la mansión de Argüelles, sólo un montón de polvo. Por medio de pruebas científicas se ha descubierto que este polvo tiene, en efecto, casi novecientos años.

Javier y yo nos hemos comprometido[3] para casarnos. Él pidió mi mano oficialmente, para complacer a mi madre, aunque todavía no hemos fijado la fecha de la boda. Será muy pronto, espero, pues ahora sí me siento emocionalmente preparada para unir mi vida a la suya.

Yo pensaba que nuestra unión sería demasiado típica, quizás hasta opresiva. Creía que la independencia y el amor eran incompatibles. Pero gracias a Javier creo en el amor. Y creo en nosotros, en una forma nueva de libertad que encontraremos en nuestro matrimonio.

Carmen y sus compañeras del colegio se encuentran bien. Su terrible experiencia tuvo, a pesar de todo, un resultado

---

[1]me... *pushed me, shoved me*   [2]dio... *made known*   [3]nos... *have become engaged*

positivo: la gran amistad que surgió entre todas las «esclavas» de Alfonso Navarrete.

Mi amiga ha reanudado[4] sus estudios de psicología con fervor y entusiasmo. Según ella, su propio caso es motivo suficiente para emprender esta carrera. Tiene mucho que descubrir y aprender sobre sí misma.

—No me ha sido fácil volver a una rutina normal —confiesa Carmen—. Afortunadamente, me he estado tratando con una excelente psicóloga que me recomendó Marisol. Esta «encogedora de cerebros» (así la llama Marisol, en broma) es amistosa y comprensiva, aunque tiene sus defectos. Por ejemplo, hace demasiadas preguntas y no siempre ofrece respuestas. También le es difícil captar mi sentido del humor. Pero bueno, nadie es perfecto. Lo importante es que esta «shrink» me ha ayudado a tener otra vez confianza en mí misma. Sus preguntas me han motivado a cuestionar lo que busco, quién soy, quién quiero ser. Gracias a esta locuaz[5] consejera, he recuperado la cordura[6] que perdí con Alfonso. ¡Me siento optimista otra vez! Y le debo este optimismo, en gran parte, a un inteligente cerebro de *software* llamado PS.

La vida de Rocío ha cambiado bastante. Terminó sus estudios y consiguió empleo. Le ofrecieron el puesto de directora en la Casa del Bienestar, donde trabajaba como consejera.

Al principio mi hermana tuvo dudas con respecto a la oferta. Se preguntaba si era ella la persona adecuada para el puesto. Pero después de pensarlo bien, aceptó dirigir la clínica. Se sintió conquistada por la posibilidad de hacer un trabajo importante y necesario, poniendo en práctica todo lo que había aprendido en sus cursos de psicología.

---

[4]ha... *has resumed*   [5]*talkative, loquacious*   [6]*sanity*

El sueldo que recibe es muy bueno, pero también es enorme la cantidad de obligaciones que tiene. Estamos las dos tan ocupadas que casi no nos vemos. Yo bromeo con ella a veces, cuando nos encontramos en la cocina durante el desayuno.

—¡Qué vida tan agitada tenemos las *yuppies*! —le digo, y ella siempre reacciona de la misma manera.

—¡No me incluyas a mí en ese grupo! —exclama, riéndose.

Estoy por fin convencida del sexto sentido de mi hermana, de su don[7] especial para entender a los demás, ¡para entenderme a mí! Por lo general, Rocío no tiene que hablar mucho con una persona para saber cómo es, cómo piensa. Con respecto a Alfonso Navarrete, obviamente no se equivocó.

Rocío aprovechó mi experiencia para escribir una serie de ensayos[8] fascinantes basados en la historia de Alfonso. Sus artículos han sido publicados en revistas especializadas sobre psicología y feminismo. En ellos, Rocío se propuso explorar el «arquetipo[9] del don Juan» y el carácter misógino de ese famoso mujeriego. Aunque sus ideas no eran muy originales, se fundamentaban en un «caso clínico» extraordinario. Y ese caso sí ofreció una visión fresca del arquetipo.

Mi hermana también realizó un estudio en el que comparaba el personaje del vampiro de Stoker[10] y la nueva

---

[7]*gift* [8]*essays, articles* [9]Concepto que exploró y popularizó el psicólogo suizo Carl Jung (1875–1961). El arquetipo es una idea o imagen subconsciente que se manifiesta en la psique de todos los seres humanos. Por lo tanto el arquetipo es una figura universal, ejemplos de la cual son «madre tierra», el «héroe» y el «demonio».
[10]Bram Stoker (1847–1912), autor de *Drácula*, novela de horror publicada en 1897, que elabora el mito del hombre que se convierte en vampiro. Nuevos estudios proponen que la novela trata el tema de la reacción masculina ante la sexualidad femenina.

imagen vampiresca que Alfonso ha encarnado. En ambos casos, concluye Rocío: «el vampiro se apropia de[11] la esencia de su víctima —ya sea esta esencia representada por la sangre o por los pensamientos— para imponer su autoridad y su dominio.» En otro ensayo, Rocío hace esta brillante observación: «Don Juan y Drácula son dos lados de una misma estrategia patriarcal, aquélla que busca controlar la psique femenina, anulando el poder intelectual de la mujer en los sitios culturales de la sociedad.»

Como era de esperar, Rocío se ha ganado el respeto de muchas estudiosas[12] feministas. Y la profunda admiración de su hermana.

El Centro de Informática Siglo XXI funciona mejor que nunca. Sé que a mi jefe todavía le es difícil creer lo ocurrido, a pesar de las pruebas que confirman los hechos que narro. Pero al menos hemos vuelto a tener una relación cordial y profesional. Yo sigo encargada del Departamento de Documentación, y tengo acceso a la unidad principal. Estoy muy contenta con mi trabajo.

Quién sabe lo que esté pensando el Sr. Barroso. Él es un hombre de ciencia que al parecer no ha cuestionado los misterios del mundo. Quizás en el fondo siga creyendo que la historia de Alfonso es pura invención mía, «un rollo de ciencia ficción», como lo ha llamado él. O quizás el Sr. Barroso haya tratado de explicarse a sí mismo, a su manera, la verdad de mi relato.

---

[11]se... *takes possession of*   [12]*scholars*

Supongo que la publicidad que recibió el Centro contribuyó a incrementar nuestras ventas. Estuvimos en primera plana[13] en casi todos los periódicos del país. Me gustaría pensar, sin embargo, que el éxito se debe a la alta calidad de nuestros productos, al entusiasmo con que trabajamos.

Modestia aparte, se debe también al programa que preparé, *Psychology Software 2000*. La famosa psicóloga PS se ha vendido más que ningún otro producto en la historia del Centro. Ha sido un *bestseller* en España y en la América Latina.

Incluyo aquí uno más de mis diálogos con la popular psicóloga...

Hola, PS. Soy Marisol.
¿CÓMO ESTÁS, MARISOL?
En perfectas condiciones.
TE NOTO MUY POSITIVA.
Me siento muy positiva.
¿HAY UNA RAZÓN ESPECIAL?
Sí. Voy a casarme.
¡ENHORABUENA![14]
Gracias, PS.
¿CON QUIÉN VAS A CASARTE?
Con Javier López, por supuesto.
¿ESTÁS ENAMORADA DE ÉL?
Muy enamorada.
TRATA DE DESCRIBIR LO QUE SIENTES.
Para empezar, confío totalmente en Javier. Me gusta estar con él. Le quiero y le admiro. Somos amigos del alma.

---

[13]primera... *front page* [14]*CONGRATULATIONS!*

CONFIANZA, COMPAÑÍA, AMOR, ADMIRACIÓN, AMISTAD.

Así es.

PERO... ¿YA NO TE SUBYUGA EL OTRO HOMBRE?

¿Alfonso? No. Por suerte ya no existe.

¿QUÉ LE OCURRIÓ?

No puedo contártelo. Es una historia larga y complicada.

YO ESTOY PROGRAMADA PARA ESCUCHAR HISTORIAS LARGAS.

Sí, pero yo no estoy programada para contarlas.

¿ESTÁS SEGURA DE ESO? YO DIRÍA QUE TIENES MUCHO TALENTO PARA CONTAR HISTORIAS LARGAS.

¿Y cómo lo sabes?

ES UNA INTUICIÓN.

¡Los programas no tienen intuiciones!

ES VERDAD. ESTABA SIMPLEMENTE BROMEANDO.[15]

Los programas tampoco saben bromear.

TE EQUIVOCAS. YO TENGO UN GRAN SENTIDO DEL HUMOR.

¿De verdad quieres que te cuente la historia de Alfonso?

SÍ, DE VERDAD.

Bueno, vale. Había una vez un soldado español...

---

[15] *JOKING*

Actividac
los estudiantes

The following activities are best completed after you have finished reading each part of the novella, although your instructor may choose to assign them in a different fashion.

I. BANCO DE DATOS

A. INTRODUCCIÓN: LOS EPÍGRAFES

Muchas novelas comienzan con un epígrafe (*epigraph*). Los epígrafes sirven de introducción a la historia y dan claves para la temática de una obra. Lea los dos epígrafes en la página 2. Uno es de Gustavo Adolfo Bécquer (1836–1870), poeta romántico, y el otro es de Francisco de Quevedo (1580–1645), poeta barroco.

1. ¿Qué significan para usted estos versos?
2. ¿Qué tipo de historia evocan?
3. ¿Puede usted imaginarse lo que va a pasar en la novela después de leer estos epígrafes?

B. LOS TEMAS DE MARISOL

Marisol dice que empezó a escribir su diario porque tenía muchas ideas que quería aclararse a sí misma. Ella reflexiona sobre el amor, el matrimonio, el éxito y la independencia personal. ¿Son importantes estos temas para usted?

1. Escoja uno o más de estos temas y comente la importancia que tiene(n) en su vida. ¿Cuál es el de más interés para usted? ¿el que menos le interesa?
2. ¡Comparta sus ideas! Converse con sus compañeros/as de clase. ¿Tienen ustedes la misma actitud o los mismos sentimientos sobre ciertos temas? ¿En cuáles difieren?

C. EL DIARIO: EN CONTACTO CON LOS SENTIMIENTOS

Marisol escribe su primer diario comenzando el día de Año Nuevo. Dice que va a escribir a mano para tener más contacto directo con sus sentimientos.

1. ¿Tiene o ha tenido usted alguna vez un diario en su vida? ¿Por qué escribe (o no escribe) sus pensamientos en un diario? Si lo tiene, ¿apunta sus ideas a mano o en su ordenador (computadora) personal? ¿Por qué?
2. ¿Le gusta escribir a mano? ¿Qué tipo de cosas escribe a mano? ¿Cree que es una forma más íntima de expresar las ideas o es simplemente más práctico a veces?
3. En su opinión, ¿puede una persona aprender algo de sí misma escribiendo sus pensamientos más íntimos? ¿Qué va aprendiendo Marisol acerca de sí misma a medida que escribe en su «banco de datos»?

D. LOS PASATIEMPOS Y EL ARTE

En su tiempo libre, a Marisol le gusta ir al cine, al teatro, a las fiestas y a los museos. También le gusta dar paseos por el parque con su novio, Javier.

1. ¿Disfruta usted de esas actividades? ¿Cuáles prefiere? ¿Cuáles no le gustan?
2. ¿Le gustan los museos? ¿Hay museos interesantes en su ciudad? ¿Cómo se llaman? ¿Qué tipo de arte exhiben?
3. Marisol dice que el cuadro *Guernica* la conmueve mucho. Ella expresa sus deseos de ayudar a la gente del pueblo bombardeado, víctimas de la guerra. Mire la foto de la obra de Picasso en la página 29. ¿Qué emociones evoca en usted ese cuadro? ¿Qué siente al verlo?
4. ¡Descríbase a sí mismo/a! ¿Tiene usted algún cuadro favorito? ¿Hay alguno que le conmueva tanto como *Guernica* conmueve a Marisol?

E. CONVERSACIONES ENTRE NOVIOS

Javier, el novio de Marisol, es periodista. Le gusta mandarle a su novia mensajes por correo electrónico (*e-mail*). El primer «artículo» de Javier anuncia su intención de proponerle matrimonio a Marisol y describe su encuentro con ella en una discoteca.

1. En general, ¿cómo son los primeros encuentros de las parejas? ¿Les es difícil a los futuros novios encontrar temas de conversación? ¿De qué hablan, generalmente?
2. ¿Tiene usted novio/a o esposo/a? ¿Dónde se conocieron? ¿De qué hablaron la primera vez?
3. ¡Vamos a hacer teatro! Con un compañero / una compañera de clase, escriban una conversación imaginaria entre Javier y Marisol en la discoteca. Incluyan comentarios sobre la música, el baile, sus profesiones, sus pasatiempos y el paseo que piensan dar por el Parque del Retiro después de bailar. Luego presenten su diálogo teatral a la clase. ¡Traten de darle a su obra un toque cómico o dramático!

F. DOS GENERACIONES DE MUJERES: LOS TIEMPOS CAMBIAN

Hay una brecha (*gap*) generacional entre Marisol y su madre. Las dos son mujeres muy distintas. Haga una comparación entre el modo de vivir de Marisol y el de la madre de ella.

1. ¿En qué manera representa la madre de Marisol a la mujer tradicional? ¿Cuáles son las cualidades típicas de ese tipo de mujer?
2. ¿Cómo encarna Marisol la imagen de la mujer moderna? ¿Qué características tiene esa mujer?
3. Mencione varios personajes femeninos de la literatura, el teatro, el cine o la televisión, principalmente mujeres conocidas por su actitud tradicional o por su carácter moderno. ¿Qué opina usted de esos personajes?
4. Describa a las mujeres de su familia. ¿Son tradicionales o más bien modernas? ¿Hay mujeres de ambos tipos? ¿Crean conflictos en la familia las diferencias entre ellas?
5. ¿Cree usted que la tecnología juega un papel importante en la modernización de la mujer? ¿Cómo?

G. LA ERA DE LOS ORDENADORES

Marisol es especialista en informática y está traduciendo al español un programa muy sofisticado, *Psychology Software 2000* (PS).

1. ¿Tiene usted ordenador (computadora)? ¿Usa mucho este aparato? ¿Cuál es su programa favorito? Descríbalo.

2. ¿Qué opina usted sobre la tecnología avanzada? ¿y sobre el ciberespacio?

3. ¿Cree que los ordenadores distraen a veces a la gente de sus responsabilidades personales? ¿Pierde una persona el sentido de humanidad al hacer del ordenador el centro de su vida?

4. ¿Piensa que PS puede ayudar a sus clientes tanto como un psicólogo humano? ¿Por qué (no)?

5. ¿Es posible que una persona dependa tanto de las máquinas que empiece a mecanizarse en sus relaciones sociales? ¿Conoce a alguna persona así? Descríbala.

II. SIMULACIONES

A. PLANES PARA EL SÁBADO

Carmen Álvarez ha invitado a sus amigas Marisol y Rocío a una fiesta en casa de su novio, Alfonso. La fiesta es el sábado, pero Rocío dice que no puede ir porque tiene que estudiar.

1. ¿Y usted? ¿Cuáles son algunas de sus actividades típicas del sábado por la noche? ¿Suele estudiar como Rocío? ¿Prefiere divertirse?

2. En general, ¿qué tipo de problemas pueden surgir (arise) en una fiesta? ¿Cuáles suelen ser las causas de estos problemas? ¿Cómo se resuelven?

3. ¡Describa su experiencia! Rocío tiene un presentimiento y no quiere que su hermana vaya a la fiesta. Le dice a Marisol que nota algo extraño en Alfonso. ¿Ha tenido usted presentimientos sobre algo que iba a pasar en su vida? Describa esa experiencia. ¿Tenían fundamento sus intuiciones?

B. LA ESTABILIDAD Y LA AVENTURA: ¡LOS PSICÓLOGOS SABEN!

Al considerar la propuesta de matrimonio de su novio, Marisol siente que no está lista para casarse todavía. ¿Cuáles son sus razones? Imagínese que usted es psicólogo/a y que tiene que analizar el estado mental de Marisol. Prepare un informe en el que describe los resultados de su análisis. Tome en cuenta las siguientes preguntas al preparar el informe.

1. ¿Qué representa Javier para Marisol, la estabilidad o la aventura? ¿Y Alfonso? ¿Quién es más misterioso y enigmático? ¿Quién es sincero y honesto?
2. ¿Por qué prefiere Marisol pasar su tiempo con Alfonso en estos momentos? ¿Qué le ofrece este hombre que su novio no puede ofrecerle?
3. ¿Cree usted que Marisol trabaja demasiado? ¿Cómo la afecta esta actividad? ¿Tiene su empleo algo que ver con su deseo de estar con Alfonso? ¿Influye el trabajo en su decisión de separarse de Javier?
4. ¿Qué prognosis le va a ofrecer usted a su paciente? ¿Qué debe hacer Marisol para cambiar su situación o mejorarla? ¿Qué le recomienda usted que haga?

C. EL PODER DE LA MIRADA

¿Qué efecto tiene la mirada de Alfonso en Marisol? Después de conocerlo por primera vez, Marisol hace una breve descripción de Alfonso en su diario: «Tiene una mirada penetrante de ojos grandes, color verde olivo.» Ella piensa que es guapo, pero le molesta la manera en que él la mira.

1. ¿Pueden los ojos decir mucho sobre la personalidad de un individuo? ¿Qué revelan sobre una persona el color, el tamaño y la expresión de sus ojos?
2. ¿Conoce usted a alguien con una mirada penetrante como la de Alfonso? ¿Cómo se siente cuando esa persona lo/la mira? ¿Por qué?
3. ¿Hay alguna superstición basada en el poder de los ojos? ¿Conoce algún dicho popular sobre los ojos o la mirada?
4. ¿Qué otros tipos de mirada hay? Describa los efectos que producen estas miradas en usted. Después, ¡descríbase a sí mismo/a! ¿Cómo es su mirada? Mírese al espejo y trate de describirla.

D. EL CUARTO DE LAS SIMULACIONES: FANTASÍA Y *VIDA*

Durante la fiesta, Alfonso lleva a Marisol al «cuarto de las simulaciones». Le enseña un cuadro titulado *Vida*, el cual muestra figuras de mujeres en poses sensuales. Estas figuras se transforman en nubes y entre las nubes aparecen los ojos de Alfonso. Marisol reconoce su mirada.

1. ¿Se puede explicar lógicamente la transformación del cuadro? ¿Qué importancia tiene el título *Vida*? ¿Cree usted que todo ocurre en la mente de Marisol? ¿Por qué (no)?
2. «Cada cual ve lo que quiere ver.» Éstas son las palabras que Marisol escucha después de tener un mareo en el cuarto de simulaciones. ¿Qué quiere decir esa afirmación? ¿Cree usted que la gente ve lo que quiere ver en circunstancias extrañas? ¿Es ésta una referencia indirecta a la fantasía? ¿En qué manera?
3. ¿Qué representa el cuarto de las simulaciones? ¿Sirve como presagio (*foreshadowing*) de otros sucesos misteriosos que ocurrirán más tarde? ¿Cree usted que Marisol va a volver a este cuarto en algún punto de la historia? ¿Cuándo será y qué pasará?
4. ¡Describa su experiencia! ¿Ha tenido usted una experiencia extraña como la de Marisol alguna vez? ¿Qué pasó? ¿Parecía una fantasía? ¿De qué manera?

E. ALFONSO EL MACHO Y JAVIER EL CABALLERO

Alfonso se comporta como un hombre machista durante la fiesta: no le hace caso a su novia, flirtea con Marisol y define a las mujeres como «objetos». Javier, en cambio, siempre trata a Marisol con cariño y la respeta mucho.

1. Haga una comparación entre las actitudes de un macho y las de un caballero. ¿Conoce usted a algún hombre que manifieste actitudes de un macho? ¿de un caballero? Describa a ambos. En general, ¿cómo se comportan estos individuos con las mujeres?
2. ¿Es Alfonso un típico don Juan? ¿Representa Javier un caballero como don Quijote? Describa a esos dos personajes literarios. ¿Cuáles son sus características más conocidas?
3. Mencione otros personajes famosos (del cine, de la literatura o de la televisión) que se conocen por su machismo. ¿Hay otros con fama de caballerosidad? ¿Quiénes?
4. ¡Descríbase a sí mismo/a! ¿Tiene usted cualidades de macho? ¿de caballero? ¿Son estas cualidades típicas de los hombres exclusivamente? ¿Cómo trata usted a la gente en general?

F. CONSEJOS PARA MARISOL

Después de la fiesta, Marisol se siente muy confundida con respecto a los extraños sucesos que presenció: las mujeres del cuadro convertidas en nubes; la música misteriosa; la transformación de la cara del chico con quien bailaba. Marisol necesita ayuda y decide pedirle consejos a PS, la psicóloga mecánica.

1. Con un compañero / una compañera, preparen un diálogo haciendo los papeles de PS y Marisol. La psicóloga debe aconsejar a su paciente y ayudarla a resolver los enigmas de la fiesta. Y Marisol tiene que escuchar muy bien los consejos de PS. ¿Cuál sería la mejor opción para Marisol? Escoja entre las siguientes y luego presente una original: a) hablar con Javier; b) hablar con su hermana y su familia; c) visitar a un psicólogo humano; d) confiar en Dios y rezar en la iglesia; e) visitar a Alfonso en su casa durante el día; f) meditar sobre lo que ha pasado; g) ¿ ?

   En su diálogo, Marisol está de acuerdo con las sugerencias, las acepta y le explica a PS cómo va a ponerlas en práctica. Si no está satisfecha con los consejos, tiene que decir por qué. Entonces PS debe escoger otra opción hasta que Marisol la acepte y tenga un plan de acción satisfactorio.

2. ¡Descríbase a sí mismo/a! ¿Qué hace usted en momentos de crisis? ¿Le pide ayuda a algún amigo o a alguien con preparación profesional? ¿Confía en un ser superior como, por ejemplo, Dios? ¿Prefiere resolver la situación solo/a?

III. *LA ESCOGIDA*

A. DOS TIPOS DE ESCRITURA

Marisol decide dejar de escribir en su diario por un tiempo. Después de casi cuatro meses vuelve a hacerlo, pero esta vez escribe con su ordenador personal. Dice que es más rápido así.

1. Haga una lista de las ventajas y las desventajas de escribir con un ordenador en vez de hacerlo a mano. ¿En qué manera son muy útiles los ordenadores? ¿Pueden ser peligrosos esos aparatos? ¿Por qué?

2. Considere la importante función que ha tenido el ordenador durante los últimos quince años. ¿De qué forma ha facilitado

el trabajo en muchos negocios? ¿Qué negocios en especial se han beneficiado? ¿Qué servicios puede prestar el ordenador en el trabajo de la casa?

B. ALFONSO Y MARISOL: ¡VAMOS A ADIVINAR!

Un día, cuando Marisol está trabajando en el Centro, se le aparece Alfonso misteriosamente en forma de holograma. Sus ojos se ven magnificados. Su voz es a la vez humana y electrónica. Alfonso le dice: «Amada mía, por fin has llegado. Eres la escogida.» ¿Son estos comentarios un preámbulo a la acción futura? Imagínese que usted es adivino/a (*fortune teller*) y que quiere contarle a Marisol lo que ve en su futuro con Alfonso. Considere las siguientes preguntas ¡y deje volar su imaginación!

1. ¿Cúal es la función de Marisol en la vida de Alfonso? ¿Para qué ha sido ella «escogida»?
2. ¿Cómo es posible que Alfonso conozca tan bien a Marisol y que ella no lo conozca a él? ¿Quién es Alfonso? ¿Cuál es el origen de su poder?
3. ¿Ama Alfonso de verdad a Marisol? ¿Qué siente ella por él? ¿Cómo van a terminar sus relaciones? ¿Será Marisol más romántica o más pragmática en su relación con Alfonso?

C. EL REGRESO AL HOGAR

Marisol recibe otro mensaje electrónico de Javier y vuelve a pensar en su posible matrimonio. En estos momentos ella se siente muy unida a su hermana y las dos deciden ir a Móstoles para visitar a sus padres.

1. ¿Qué significa el regreso al hogar para Marisol y su hermana? ¿Regresan realmente para ver a sus padres y descansar o hay otros motivos? ¿Cuáles son?
2. ¿Regresa usted mucho a casa de sus padres? En general, ¿por qué va? ¿Es importante el regreso a casa de vez en cuando? ¿Por qué?
3. ¿De qué habla usted con su padre? ¿y con su madre? ¿Viene usted de una familia tradicional o es una familia más bien moderna? ¿Es comparable a la familia de Marisol? Explique.
4. ¡Descríbase a sí mismo/a! Si usted está casado/a y tiene hijos, ¿les inculca (*do you instill*) los papeles tradicionales o prefiere

modificar estos papeles un poco? Si no está casado/a, defina la familia ideal que usted quisiera tener (o explique por qué no quiere tener familia). ¿Hay aspectos positivos y negativos en la estructura tradicional de la familia? Explique.

D. FUERZAS OPUESTAS: EL BIEN Y EL MAL

Marisol no puede escapar de Alfonso, ni siquiera regresando al hogar de sus padres. El hombre se le aparece en la plaza de Móstoles y Marisol empieza a creer que Alfonso es el Diablo. Antes de volver a Madrid, ella entra a la iglesia de su pueblo para rezar. Allí le pide ayuda a Dios para combatir la fuerza del Mal, es decir, para combatir al demonio que Alfonso representa.

1. ¿Cree usted que existen las dos fuerzas, la del Bien y la del Mal, como sugiere Marisol? ¿De dónde vienen las fuerzas que motivan las acciones de la gente? Si Alfonso es la encarnación del Diablo, ¿qué representa Javier?
2. Alfonso no cree en los conceptos del Bien y del Mal. Para él sólo existe el poder de su mente. ¿Pueden los pensamientos de una persona afectar sus acciones? ¿Cómo?
3. ¿Existe en cada persona un impulso hacia el Bien, hacia el Mal o una combinación de ambos? ¿Cree usted que, en general, la gente busca ayuda espiritual, de Dios o de las fuerzas del Bien, solamente en los momentos de crisis?
4. ¡Describa su experiencia! Cuando usted está desesperado/a, ¿qué hace para conseguir tranquilidad y solucionar sus problemas? ¿Por qué es necesario buscar la paz mental o espiritual cuando uno se enfrenta con una situación difícil?

IV. *EL CONDENADO*

A. EL TRABAJO Y LAS RESPONSABILIDADES

Cuando el mensaje de Alfonso aparece en el ordenador de Marisol, ella no le informa al Sr. Barroso, su jefe. Más tarde el jefe no puede conseguir acceso a la unidad principal y cree que el sistema ha sido infectado por un virus. El Sr. Barroso culpa a Marisol y empieza a pensar en las implicaciones legales de lo que ella ha hecho. Marisol se defiende, alegando que es inocente.

1. ¿Qué piensa usted? ¿Tenía Marisol la responsabilidad de informarle al jefe después del incidente cuando Alfonso se infiltró en el sistema? ¿Por qué no lo hizo? ¿Qué debería hacer el jefe?
2. ¡Vamos a hacer teatro! Con dos compañeros/as, presenten sus argumentos sobre el caso de Marisol. Uno/a de ustedes hace el papel del jefe y explica por qué sospecha que Marisol es culpable. Otro/a estudiante hace el papel de Marisol y se defiende explicando por qué no le habló del problema al jefe antes. Después de escuchar los dos lados del asunto, el tercer / la tercera estudiante reflexiona sobre el caso y da el fallo (*judgment*). Esta persona también explica lo que deben hacer Marisol y el Sr. Barroso ahora.

B. LAS CLASIFICACIONES: ¿CIENCIA FICCIÓN?

Marisol trata de explicarle la verdad al jefe. Le dice que Alfonso la persigue y que se le ha aparecido como holograma. Ella afirma que Alfonso es el responsable del virus en la unidad principal. El jefe no le cree. Dice, además, que la historia de Marisol es un «rollo de ciencia ficción».

1. ¿Está usted de acuerdo con lo que dice el Sr. Barroso? ¿Cree usted que la historia de Marisol parece ciencia ficción? ¿Cuáles son las características de una obra de ciencia ficción? ¿Le gusta a usted este tipo de literatura?
2. Al comienzo de su narración, Marisol comenta que la literatura que más le gusta leer es la de ciencia ficción. ¿Cree usted que esta preferencia suya influye en su manera de entender y definir el caso de Alfonso? Explique.
3. Imagínese que usted trabaja en el departamento de publicidad de una editorial (*publishing house*). Tiene que promover la obra de Marisol, pero primero debe clasificarla. Escoja una clasificación o varias entre las categorías que siguen (o sugiera usted una). Luego explique por qué le parece interesante la narración de Marisol. ¿Qué va a decir en su campaña publicitaria? Clasificaciones: a) diario o autobiografía; b) ciencia ficción; c) misterio o fantasía; d) horror; f) aventura; g) romance; h) de detectives; i) ¿ ?
4. ¿Qué tipo de historia(s) prefiere usted? ¿Cuál es su película o libro favorito en esa categoría?

C. EL ROBO DE LA «ENERGÍA MENTAL»

Marisol sabe que Alfonso les roba la «energía mental» a sus víctimas. Por eso tiene miedo de encontrarse con él en el cuarto de las simulaciones a medianoche.

1. ¿Cree usted que es posible leer los pensamientos de una persona? ¿Sabe usted a veces lo que está pensando una persona por su expresión facial? Explique.
2. Según Marisol, no hay base científica para la lectura de los pensamientos. Entonces, ¿cómo puede Alfonso leer los pensamientos de sus víctimas? ¿De dónde proviene su poder? ¿Es una fuerza del Mal o de otro tipo? ¿Hay fuerzas sobrenaturales que operen en la lectura de la mente?
3. ¿Qué significa la lectura del pensamiento? ¿Significa que una persona le puede robar la «energía mental» a otra? ¿Implica el control sobre una persona?
4. ¿Ha sentido usted que alguien le ha robado la energía mental alguna vez? ¿Sintió que esa persona tenía control sobre usted? ¿Cómo?
5. ¿Le gustaría leer los pensamientos de alguien? ¿los de quién? Si pudiera (*you could*) leer los pensamientos de cualquier figura histórica, ¿quién sería? ¿Qué esperaría (*would you expect*) encontrar en la mente de esa persona?

D. LA HISTORIA DE ALFONSO Y EL MISTERIO DE LA NIÑA ÁRABE

Al llegar Marisol al cuarto de las simulaciones, Alfonso le empieza a contar la increíble historia de su vida. Le explica que es un hombre condenado a vivir eternamente, destruyendo a otros seres humanos y sufriendo. Fue soldado en el ejército del Mío Cid y mató a mucha gente, entre ellos a los padres de una niña árabe. Dice que los ojos de la niña producían una energía especial y que lo dejaron con una sensación ardiente. Según Alfonso, fue esa niña quien lo condenó.

1. ¿Cree usted que la condena de Alfonso se debe a una maldición de la niña? ¿Le hizo ella «mal de ojo»? ¿Piensa usted, como Marisol, que esta explicación es racista? ¿Por qué?

2. ¿De qué otra manera se podría explicar la «vida eterna» de Alfonso? Si la niña árabe no tenía poderes mágicos realmente, ¿qué efecto tuvo ella en el soldado criminal?

E. ALFONSO: ¿LADRÓN DE LA MENTE O VAMPIRO MODERNO?

Cuando Marisol llegó al cuarto de las simulaciones, notó algo diferente en Alfonso: su ropa. El hombre llevaba pantalones negros, una camisa blanca y una larga capa negra.

1. ¿Cree usted que este atuendo conecta a Alfonso con otras figuras literarias o populares? ¿Con cuáles?
2. ¿Podríamos definir a Alfonso como un tipo de vampiro moderno? Haga una comparación entre el estilo de vida de un vampiro clásico y el estilo de vida de Alfonso. ¿Tiene este hombre algo en común con un vampiro tradicional?
3. Según las leyendas vampirescas, ¿es posible combatir y derrotar el poder de un vampiro? ¿Cómo? ¿Cree usted que es posible triunfar contra el poder de Alfonso? ¿Cuál será la estrategia de Marisol en su esfuerzo por combatir el poder de ese hombre?

V. *LA AVENTURA*

A. EL VIAJE AL PASADO: TIEMPO OBJETIVO Y TIEMPO SUBJETIVO

Los poderes de Alfonso hacen posible el viaje por el tiempo. Él transporta a Marisol a diferentes épocas de la historia española. Ella presencia lugares y eventos conocidos, y puede ver a personas famosas. Este tiempo «subjetivo» en el cuarto de Alfonso se presenta en contraste con el tiempo lineal y «objetivo», marcado por días, meses y estaciones.

1. ¿Cree usted que existen realmente dos planos temporales, el lineal y el subjetivo? ¿En qué plano temporal ocurren los sueños?
2. ¿Cómo se siente Marisol durante su viaje? ¿Qué lugares visita? ¿A quién ve o escucha? ¿Quiere ella quedarse en ese plano temporal? ¿Por qué (no)?
3. Si usted tuviera una máquina del tiempo, ¿adónde iría? ¿A qué época histórica le gustaría regresar? ¿Hay alguien en particular a quien le gustaría conocer? ¿A quién?

B. ¿LIBRE ALBEDRÍO O PREDESTINACIÓN?

En su aventura con Alfonso, Marisol vuela por el tiempo y en algún momento escucha la voz del poeta Gustavo Adolfo Bécquer, quien recita sus versos: «Es un sueño la vida, pero un sueño febril.» Ella comenta en ese momento: «Mi vida parecía ser un delirio causado por la fiebre...». Pero Marisol también encuentra una fuerza dentro de sí que le impulsa a combatir ese trance.

1. ¿Tiene Marisol libre albedrío (*free will*), es decir, control sobre lo que le ocurre en su relación con Alfonso? ¿O fue predestinado el encuentro entre los dos, como piensa Alfonso? ¿De dónde viene la fuerza interior de Marisol que le impulsa a combatir su trance? ¿Es su mente una fuerza importante para ella?
2. ¿Tenía Alfonso control sobre su destino después de su episodio con la niña árabe? ¿Habría podido él cambiar (*Could he have changed*) su vida en ese momento? ¿De qué manera?
3. ¿Tienen los seres humanos libre albedrío? ¿Existen fuerzas sobrenaturales que a veces tengan control sobre ciertas circunstancias en la vida? Explique.
4. ¿Ha tenido usted una experiencia con esas fuerzas sobrenaturales? ¿Cree usted que tiene control sobre todo lo que le pasa o está predestinada su vida? ¿Es posible controlar la vida de otra persona?

C. LA AVENTURA DE MARISOL: USTED ES PERIODISTA

Imagínese que usted es Javier, el periodista, y que tiene la responsabilidad de contar la última aventura de Marisol con Alfonso. Según Marisol, Javier escribió un artículo sobre sus experiencias aquella noche en la mansión de Argüelles, pero no menciona todos los detalles de ese escrito. Considere las siguientes preguntas, invente un título ¡y escriba el resto del artículo de Javier!

1. ¿Hay ciertos pasos que siguió Marisol para resolver su situación? ¿Cuáles fueron? ¿Cuál fue el último paso?
2. Marisol se compara a sí misma con la heroína de una novela romántica, pero también se ve a sí misma como el personaje de un juego electrónico interactivo. ¿A cuál de estos dos personajes se parece ella más? ¿Qué características tiene de ambos?

¿Cómo describiría usted el carácter y la personalidad de Marisol Guardiola?

3. ¿Hay un mensaje en el personaje de Marisol? ¿Cuál es? ¿y en el personaje de Alfonso?

4. ¿Se podría decir que al final triunfaron las fuerzas del Bien sobre las fuerzas del Mal? ¿Le parece demasiado simplista esta interpretación? Explique.

RECAPITULACIÓN: ACTIVIDADES PARA LA ESCRITURA

A. LOS EPÍGRAFES

Lea los epígrafes otra vez y revise sus apuntes de la primera actividad.

1. ¿Pudo usted predecir pasajes de la acción o temas de la novela?
2. Comente la relación entre la historia de Alfonso y lo que se dice en los epígrafes.

   • La vida es un sueño febril.
   • Su cuerpo será polvo enamorado.

B. EL AMOR

Marisol habla con PS sobre Javier después de aceptar la propuesta de matrimonio de su novio. Define sus sentimientos al decir: «Somos amigos del alma.» PS resume las ideas de Marisol, enumerando las cualidades implícitas en su concepto del amor: confianza, compañía, admiración, amistad.

1. De todas las cualidades implícitas en el amor, ¿cuáles son las más importantes para usted? ¿Cuál es su definición del amor?
2. Imagínese que Javier le manda a Marisol un artículo romántico y poético el día de la boda. Asuma usted la voz de Javier y... ¡escriba el artículo!
3. ¿Podemos afirmar que el amor es el verdadero protagonista de *Ladrón de la mente*? Explique.

C. LOS LADRONES: ¿QUÉ HAY EN UN TÍTULO?

La importancia de la tecnología al comienzo de la novela hace pensar que quizás el «ladrón» del título se refiera a PS 2000, el poderoso programa de psicología. Marisol se pregunta, al final de la primera parte, si el mundo estará algún día controlado por las máquinas, «hecho de imágenes». También, Alfonso se considera ladrón de la energía mental de las mujeres. Al final PS consigue que Marisol le cuente la historia de Alfonso.

1. ¿Cree usted que hay dos o más ladrones de la mente en esta novela? ¿Cuáles son? ¿Por qué podríamos considerarlos «ladrones»?

2. ¿Piensa usted que el proceso de leer una historia pueda perpetuar el poder o la presencia de un personaje? ¿Hay algún personaje que haya dejado una fuerte impresión en usted? Descríbalo.

3. ¡Descríbase a sí mismo/a! ¿Existe un ladrón o una ladrona de la mente en su vida? ¿Hay problemas que le quitan mucha energía mental? ¿Qué cosas en la sociedad le pueden «robar» la mente a uno?

D. EL FILÓSOFO MECÁNICO

El programa *Psychology Software 2000* es muy sofisticado; puede conversar sobre una gran variedad de conflictos personales. Imagínese que existe un programa que resuelve problemas filosóficos. Este filósofo mecánico se llama *Philosophy Software* (PhS). ¿Cómo contestaría PhS las siguientes preguntas?

1. ¿Por qué nacemos?
2. ¿Cuál es el misterio de la mortalidad?
3. ¿Por qué amamos a unas personas y a otras no?
4. ¿Por qué a veces nos sentimos en control de la vida y otras veces todo nos parece caótico e incomprensible?

E. EL FINAL ES EL COMIENZO: HABÍA UNA VEZ...

En el momento de terminar su narración, Marisol ha empezado a contarle la historia de Alfonso a PS. Dialogue usted con el programa de psicología, haciendo un recuento de la novela. Adopte la voz de Marisol y ¡escriba el diálogo! Use la siguiente frase para comenzar: «Había una vez un soldado español y una joven madrileña...».

Sugerencias para el profesor / la profesora

The following suggestions are coordinated activity by activity with those in the preceding section, **Actividades para los estudiantes.** It is not necessary to have students complete all of the suggested activities. Most activities are best done at the end of each part, after students have read it in its entirety. But you may find suggestions that you can implement to guide class discussion as students are working their way through the novella.

I. *BANCO DE DATOS*

A. INTRODUCCIÓN: LOS EPÍGRAFES

Before students begin reading the story, have them focus on the two epigraphs on page 2. Write those verses on the board and explore the possible meanings expressed in the poems. Ask the first two questions from activity A: **¿Qué significan para usted estos versos? ¿Qué tipo de historia evocan?** Speculate with your students about why the author of *Ladrón de la mente* chose these two quotes as an introduction to the text.

Give more background on the poets: Francisco de Quevedo (1580–1645) is one of the famous Baroque poets of Spain's Golden Age. His style is known as **conceptista**, because he emphasizes concepts expressed in his poetry with plays on words. Gustavo Adolfo Bécquer (1836–1870) is one of the best-known Romantic poets from Spain. His lyric poetry has been collected under the rubric *Rimas*. These are generally short, romantic verses.

As an additional project, assign volunteers to research these poets in the library and report back to the class. Some of the volunteers could look for the entire poems from the epigraphs and read them to their classmates.

B. LOS TEMAS DE MARISOL

Encourage students to start keeping a journal as they read *Ladrón de la mente*. For an in-class writing activity that may constitute the first page of their diary, have students comment on one or two of the **temas** mentioned. (They may also choose their own themes.) Give students approximately ten minutes to write and then have them discuss their responses in small groups. Take a survey to see how many students chose each theme. Have volunteers from several groups share with the class some of their sentiments regarding the themes.

C. EL DIARIO: EN CONTACTO CON LOS SENTIMIENTOS

Remind students that *Ladrón de la mente* is not Marisol's diary per se. She has adapted her journal into novel form. Ask students how they can tell that *Ladrón de la mente* is not a traditional diary. (They should mention the lack of dates at the beginning of each entry, the division into chapters, extensive dialogues, and so on.)

Discuss famous diaries or adaptations of memoirs. *The Diary of Anne Frank* and Henry David Thoreau's *Journals* may be suggested as examples. It would be interesting here to briefly introduce students to *Lazarillo de Tormes* (1554). This text is an early example of fictitious memoirs that relate the adventures of the **pícaro** (rogue) Lazarillo, and his wanderings through Spain in the 16th century. *La familia de Pascual Duarte* (1942) by Camilia José Cela (Nobel Prize winner, 1989) is another novel that could be mentioned. The book comprises the memoirs of a fictitious character, Pascual Duarte, who narrates the events of his unfortunate childhood. Another example of Spanish memoirs is *La arboleda perdida* (1959) by poet and artist Rafael Alberti. His memoirs are a nostalgic recounting of his childhood in southern Spain and of his professional development.

D. LOS PASATIEMPOS Y EL ARTE

Give students a short historical background to *Guernica*. Picasso painted *Guernica* in 1937 as an homage to the victims of a northern Spanish village ruthlessly bombed by German fascist forces, which supported Francisco Franco's regime during the Spanish Civil War (1936-1939). The bombing was not just a military strategy; it served as a training ground for Hitler's air force in preparation for the invasion of Poland that would eventually lead to World War II. The painting was first displayed at the World's Fair in Paris the same year it was created, but was not transferred to Spain until 1981. Picasso would not allow the work on Spanish soil until the government became democratic. (Franco remained dictator from 1936 to 1975.)

Picasso is also known as the creator of Cubism. This style, popular during the avant-garde movement of the first half of the 20th century, fragments reality as the artist attempts to display simultaneously a variety of perspectives of the same object. The paintings often seem very geometric.

As an additional activity, students may want to bring in a reproduction or postcard of their favorite painting and talk about the emotions that it evokes and why it captures their attention. They could also do more research on Picasso's work in the library.

E. CONVERSACIONES ENTRE NOVIOS

Have students complete the questions in this activity, then focus on the e-mail message Javier sent to Marisol (pages 17–18). In this love note, Javier mentions his forthcoming proposal. Students may explore as a class or in groups the following questions:

1. ¿Creen ustedes que es muy original la manera en que Javier le propone matrimonio a Marisol?
2. ¿Cuáles son las maneras más tradicionales de proponer matrimonio?
3. ¿Conocen a alguna pareja que tenga una historia original sobre el día en que surgió la Gran Pregunta? ¿Qué pasó?

You may want to give a few examples of extraordinary ways of proposing matrimony: skywriting, renting a horse and riding up to the door, serenading under a window, and so on.

F. DOS GENERACIONES DE MUJERES: LOS TIEMPOS CAMBIAN

Before students do this activity, discuss briefly the role of women in 20th-century Spain. The ultra-conservative Franco regime dictated a traditional ideology concerning women. They were expected to marry, serve their husbands, raise children, and take care of the home. This was reinforced in the educational system, as the doctrine of **La perfecta casada** became an integral part of the curriculum. The text *La perfecta casada* was written by the Augustinian Fray Luis de León (1527–1591), theologian and writer of Spain's Golden Age. According to Fray Luis, women perform God's work and it is by nature that their duties include **"el servir al marido, y el gobernar la familia, y la crianza de los hijos..."** Also under Franco, young women were expected to fulfill the **Servicio Social** requirement. This was a social service project designed to instill traditional values in women by requiring them to serve a certain number of volunteer hours in the community. The projects included work in hospitals, convalescent homes, nursery schools, soup kitchens for the poor, and charity organizations.

In 1975, upon the death of Franco, Spain experienced a major transition that some have called the **destape**. This "uncorking" effect resulted in the disappearance of many of the rules and restrictions on women's behavior, opening doors for greater opportunities.

Remind students that Marisol was only 6 or 8 years old when Franco died. At a young age, she would have been exposed to a more liberal social environment. However, her mother's formative years would correspond with the more conservative ideology of the Franco era. Discuss the importance of political ideology and its role in either closing or opening opportunities for women in the social sphere.

Have students brainstorm adjectives that describe traditional and modern women in general. They should then discuss the activity questions in pairs. Provide examples for item 3: Traditional women are seen in the book *Little Women* and in the films *The Truman Show* and *Pleasantville*. Modern women are featured in the *Alien* films, in the TV shows *Friends* and *Ally McBeal*, and in the movie *Titanic*.

For item 5, discuss how technology may be beneficial to women in the home: Modern appliances, such as the pressure cooker (**olla de presión**) were especially welcomed by Spanish women in the 1950s. Technology is also helpful in the job market, since it means more jobs and thus more opportunities.

G. LA ERA DE LOS ORDENADORES

Discuss the advantages aud disadvantages of the computer age. Conduct a debate on whether machines are beneficial or detrimental to human relations.

As an added creative activity, have students work in groups to design their own type of futuristic computer program like PS 2000. They should give their program a name and show sample communications as Marisol does with *Psychology Software 2000* on pages 22–23. Give examples such as a program to do your taxes (**Planificador de impuestos**), to plan a trip (**Agente de viajes**), or to decorate your house (**Decorador**). These may then be presented to the class.

II. *SIMULACIONES*

A. PLANES PARA EL SÁBADO

After students answer the questions, either in pairs or groups, discuss the technique of foreshadowing. Say: **La intuición de Rocío sirve como presagio a lo que va a pasar en la novela después.** Discuss foreshadowing (**presagiar**) as a literary technique that creates tension in the reading and lures the reader into following the story to the end. It also provides clues for what is to take place later. Have students speculate about what might happen at Alfonso's party on Saturday.

B. LA ESTABILIDAD Y LA AVENTURA: ¡LOS PSICÓLOGOS SABEN!

Before students do this activity, explore the personalities of Javier and Alfonso. Give students a list of adjectives, such as **misterioso, estable, aventurero, enigmático, creativo, honesto**, and so on. Ask which adjectives best describe Javier and which are more representative of Alfonso's personality. Write each adjective under the corresponding name on the board and have students think of other characterstics that they would like to add.

Ask students to speculate about why Marisol has a certain fascination for Alfonso and chooses to ignore Javier at this time. Have them write their **informe** as if it were a professional report. You may want to design a simulated medical report form for students to fill out.

C. EL PODER DE LA MIRADA

Discuss with students the importance of the eyes in communicating certain aspects of an individual's personality. Mention the superstition of the **mal de ojo** or "evil eye." Originating thousands of years ago, this is a belief that some people can cause harm to others just by looking at them in a certain way. It was thought that any person who was hiding unspeakable desires or certain feelings such as envy or jealousy could give the evil eye. In general, witches and devils were thought to be the main perpetrators.

The symptoms in a victim of the evil eye may include loss of weight, anorexia, and melancholy, and could eventually lead to death. A host of remedies, including the recitation of magic words, secret potions, and lucky charms, were available to the sufferers of the **mal de ojo**. The importance of the eyes and "looks" can also be noted in the following sayings from both Spanish and English.

Vale un ojo de la cara: This expresses that something is very valuable or expensive. In contrast, English speakers say that something "costs an arm and a leg."

Ojo por ojo y diente por diente: "An eye for an eye."

The eyes are the window to the soul: Explore with the students what Alfonso's "window" shows about his soul.

If looks could kill: Explore how Alfonso's looks may have a destructive effect on Marisol.

Discuss the following questions: **¿Creen ustedes que Alfonso le ha hecho «mal de ojo» a Marisol? ¿Qué efecto tiene la mirada de Alfonso en esta joven?** As an additional activity, have students work in pairs imitating with facial gestures what they think Alfonso's "penetrating" looks were like. They may want to do the same for the other types of looks mentioned for item 4. Some examples may be surprise, relief, astonishment, approval or disapproval, and so on.

D. EL CUARTO DE LAS SIMULACIONES: FANTASÍA Y *VIDA*

This is a pivotal part of the novel, as it lays the foundation for what is to come later. Have students focus on the description of Alfonso's room on pages 44–45. Draw three sections on the board to simulate the walls of a room and write **El cuarto de las simulaciones** at the top. Ask students to describe the room you draw (if a student feels comfortable, have him/her draw): pillows and tapestries; a vast number of works of art on the walls. Draw many squares of the same size around two of the sections you have marked off for the walls, but make one of them bigger. Label it **La persistencia de la memoria** and ask students to describe it as it appears on page 59. Draw this painting as best you can, the main feature being the melting clocks.

Remind students that many of Dalí's paintings are inspired by Surrealism, a 20th-century art and literary style in which the subconscious and dreams play a major role in the creative process. Ask students to identify elements in the painting that they see as dreamlike or irrational and those that appear to be realistic. Have them speculate how this painting with its elements of fantasy and reality may foreshadow what will happen in the room. Does time stand still in there?

Focus attention on the description of the painting behind the curtain. This will take up the entire third section (wall) you marked off. Students should describe a number of young women posing. Quickly draw stick figures in different poses. Students will then mention the landscape: a green countryside full of light. Draw a few hills and the sun in the background. Ask students to describe the transformation the painting undergoes. Draw clouds over the figures of the women and then a head and eyes that would represent Alfonso. Have students comment on how they think such a transformation came about. Suggest the techniques used in holograms and virtual reality as possible explanations.

This visual on the board serves as a "set" or a stage for the students to engage in an activity that deals with two important themes of the novel: fantasy vs. reality and the power inherent in the eyes.

E. ALFONSO EL MACHO Y JAVIER EL CABALLERO

Before students begin this activity, discuss as a class the definition of the words **macho** and **caballero**. In general, in English **macho** is defined as a male chauvinist and **caballero** as a gentleman. To explain **macho** in Spanish, use phrases such as

exaltación de la masculinidad, poder sexual, fuerza bruta, control sobre otros; and for **caballero** suggest **exaltación de la gentileza, simpático, amable, respetuoso, sirve y ayuda a los demás**.

Have students discuss the first two questions in groups. For item 3, put an example on the board using the information given above. Divide the board into two parts and label each. Have students think of characteristics or actions of a **macho** and contrast them with those of a **caballero**. For example:

El macho

- No respeta ni estima a su novia / esposa.
- Tiene relaciones con varias mujeres.
- Considera a las mujeres como objetos sexuales.

El caballero

- Respeta a su novia / esposa; la trata de igual a igual.
- Es fiel a su novia / esposa.
- No trata a las mujeres como objetos sexuales.

Historically, the **machista** attitude has been traced to the influence of the Arabs on Spanish social life. The Arabs occupied Spain for nearly 800 years (711–1492). Their culture dictated seclusion for women and allowed polygamy for men. Women were expected to stay out of the public domain, demonstrated by the custom of the **purdah**, which literally means "curtain" or "feminine reclusion." Thus, women were required to wear veils in public and be seen and heard from minimally, even at home. The figure of the **caballero** is associated with the knight errant of medieval times. The knights idealized their women, placing them on pedestals and dedicating their adventures to them.

Discuss the character Don Juan as the **mujeriego** par excellence. Remember that this character is a recurring figure in Spanish and world literature and music, including Tirso de Molina's 17th-century *El burlador de Sevilla*. Also well known are Mozart's *Don Giovanni* and José Zorrilla's 19th-century romantic rendition, *Don Juan Tenorio*. In contrast, explain that Cervantes' Don Quijote is a figure who exemplifies gentlemanly, non-macho conduct. He idealizes his "imaginary" lady, Dulcinea, as the perfect princess.

F. CONSEJOS PARA MARISOL

After students prepare the role play specified in item 1, have volunteers present the dialogue to the class. Ask how many chose each option as the best advice to give Marisol. Try to reach a general consensus on what Marisol should do. Save this information and compare it with the outcome when you finish the novel. If no consensus is reached, follow up with a debate. Ask students to list the advantages and disadvantages for each of the options they are debating.

Before students discuss item 2 in pairs, ask them to name certain problems that they consider crises or difficult situations that cause them to be confused. Some examples could be breaking up with a boyfriend, girlfriend, husband, or wife; receiving a low grade on an exam; being involved in a car accident or in a crime, and so on.

III. *LA ESCOGIDA*

A. DOS TIPOS DE ESCRITURA

As an introduction to this activity, compare and contrast the two types of writing: with a computer and longhand. You may want to list them on the board using Marisol's ideas first. An example of the structure of this activity could be:

Escritura con ordenador

- Se puede anotar con más rapidez los sucesos.
- Es muy clara.

- Cuesta mucho.

- Usa electricidad.

- Puede ser afectada por un virus.

- Es menos privada; muchas personas tienen acceso a la información.

Escritura a mano

- Es más lenta, pero da tiempo para reflexionar.
- A veces la letra es difícil de entender.
- Sólo se necesita lápiz y papel.
- Usa sólo la energía del cuerpo.
- No hay virus que la afecte, pero a veces se destruyen los papeles.
- Es más privada.

If students do not come up with this last point, be sure to stress it because it introduces Alfonso's intrusion into Marisol's computer system. This point may also open the discussion to the topics of privacy in high-tech corporations and computer piracy.

Ask students which form of writing they prefer for the following activities: writing a business letter, writing a personal letter, doing homework, keeping a diary, writing compositions, maintaining the household accounts, and so on.

B. ALFONSO Y MARISOL: ¡VAMOS A ADIVINAR!

As an introduction to this activity discuss the character of Marisol. At one point she states that she feels an internal struggle between **la Marisol romántica** and **la Marisol pragmática**. As a class, discuss the behaviors that show Marisol's pragmatic side and those that indicate her romantic side. Have students speculate as to which side will triumph in the end. You might then have them answer the following questions: **En general, ¿es usted una persona romántica o pragmática? ¿Cuál de estas dos características lo/la define mejor a usted?**

This activity involves both critical and creative thinking. Students are asked to project the outcome of the story based on what they already know. After their predictions are prepared, have students share them with a partner. Then ask for volunteers to present their ideas and reactions to the class. The class could vote on which prediction they feel is the most promising as a logical explanation for the mystery of Alfonso. (Note: This activity could be done as a theatrical rendition of palm reading, tarot card reading, Ouija board reading, and so on.)

C. EL REGRESO AL HOGAR

Before students do this activity, discuss reasons why people return to their family home. Some reasons may include to visit parents, family members, and friends; to help around the house; to care for a sick family member; to rest and relax; to get a feeling of returning to one's "roots"; to escape a problem or seek advice from family members on how to resolve it.

Ask students if they know of any famous characters in books or movies who experience a significant "return home." Explore what the return means to these characters. Some examples would be Dorothy in *The Wizard of Oz*, who goes back home for security and love; Scarlett O'Hara in *Gone with the Wind*, who returns home to try to recuperate a lost past and forget the war; E.T., who goes home to be with his own kind. Discuss the importance of the roles of different family members within the family structure.

D. FUERZAS OPUESTAS: EL BIEN Y EL MAL

Discuss the concepts of Good and Evil. Have students brainstorm on actions that represent **las fuerzas del Bien** and those that represent **las fuerzas del Mal**. Some examples might be:

Fuerzas del Bien	Fuerzas del Mal
ayudar a la gente	matar
trabajar	robar

Ask students how they might consider the relationship between Marisol and Alfonso a struggle between Good and Evil. Then discuss popular television or movie characters that embody the struggle between Good and Evil. Students may mention Superman, Wonder Woman, Beauty and the Beast, Darth Vader and Luke Skywalker, and so on.

Have students speculate on why Marisol chooses to pray in church as her method for contacting the forces of Good. (Note that she has not mentioned a spiritual life thus far.) One obvious answer is that she may have been influenced by a Catholic upbringing.

Give students brief historical information about the importance of the Catholic religion in Spain. It has been the country's official religion since Spain was reunified after the Arab occupation. Fernando and Isabel, known as los **Reyes católicos**, ruled from 1479 to 1517. They went to extreme measures to ensure that the Islamic religion of the Arabs, as well as all other religions opposed to Catholicism, were not practiced in reunified Spain. For los **Reyes católicos,** religion was one of the factors that would be responsible for creating a sense of unity and national spirit in a country fragmented by war. The Inquisition was active under their auspices starting at the end of the 15th century. Among other methods of torturing and executing heretics was public burning at the stake.

IV. *EL CONDENADO*

A. EL TRABAJO Y LAS RESPONSABILIDADES

Divide the class into groups. Have them discuss the relationship between boss and employee in the workplace in general. They should consider the following questions:

1. ¿Cuáles son las responsabilidades del jefe hacia los empleados?
2. ¿Y las responsabilidades de los empleados hacia el jefe?
3. ¿Es importante que se mantenga una buena comunicación entre el jefe y los trabajadores? ¿Por qué?

Discuss their ideas afterward as a class. Summarize on the board as the students share them. A few examples may be:

Responsabilidades del jefe

- Tratar al empleado con respeto
- Pagarle al empleado a tiempo
- Ser justo/a

Responsabilidades del empleado

- Ser honesto
- Hacer bien su trabajo
- No guardar secretos sobre cuestiones que puedan afectar el trabajo

Importancia de la comunicación

- Aumenta la eficiencia en el trabajo.
- Ayuda a evitar problemas.

This information could serve as background for the questions to be explored in item 1. For item 2, have volunteers present their role play to the class.

B. LAS CLASIFICACIONES: ¿CIENCIA FICCIÓN?

Ask students to name the different classifications of books and movies that are most popular: for example, science fiction, mystery, horror, romance, self-help, adventure, and so on. List their ideas on the board. For item 1, you may want to have students write a short paragraph explaining their classification of Marisol's story. Note that the science fiction genre usually deals with the impact of actual or fictional science on mankind; scientific elements are essential to the genre. Marisol's story features a strong science component, which would allow for its classification as a sci-fi novel.

Students' short compositions could be compiled into one notebook and displayed in the class as a sort of advertising portfolio promoting the story. They could also be duplicated (or included in an e-mail file) for each student to have a copy.

C. EL ROBO DE LA «ENERGÍA MENTAL»

Mention that mind reading has been a topic of interest throughout time and has baffled scientific thought. (As Marisol affirms, there is no scientific basis for this phenomenon.) In *Ladrón de la mente*, mind reading contrasts sharply with the scientific world that it infiltrates and disrupts. The **Centro de Informática** is a world of logic and Alfonso's powers defy any logic.

D. LA HISTORIA DE ALFONSO Y EL MISTERIO DE LA NIÑA ÁRABE

Explain that the Arabs occupied Spain for nearly 800 years (711–1492), until the Catholic monarchs Fernando and Isabel regained possession of the Iberian Peninsula. Part of their policy for reunifying Spain included the attitude of **limpieza de sangre**, or the creation of a society "clean from Arab blood." Marisol is aware of the racist implications involved in this attitude, one she sees as a process of discrimination against the Arabs that continues into modern times. She maintains that the heritage left by the Arabs was a culture rich in art, literature, and architecture.

Ask students if they can identify forms of racism: **¿Existe una forma de racismo donde usted vive? ¿Cómo se manifiesta? ¿Hay lugares en el mundo conocidos por sus problemas de racismo? ¿Dónde? ¿Qué podemos hacer para combatir las actitudes racistas en el mundo?**

E. ALFONSO: ¿LADRÓN DE LA MENTE O VAMPIRO MODERNO?

Before you begin this activity, have students read aloud or to themselves the description of Alfonso as he appears in the **cuarto de las simulaciones** on page 95. Then ask them question 1. Mention that Alfonso's attire is suggestive of the "dandy" (as Marisol states), a popular figure in England during the 19th century, a man who affects extreme elegance in his clothes and manners. Explore other possibilities with the students, such as the dandy's association with a bat (because of the cape). Ideally, students will associate Alfonso with a vampire.

Have the class discuss question 2 in groups. Students should list characteristics of a **vampiro clásico** and of **Alfonso, ladrón de la mente**. Write their ideas on the board under each category. Discuss popular works about vampires, such as *Dracula* (1897) by Bram Stoker (1847–1912) or the more modern series of vampire stories by Anne Rice. For question 3, remind students that, in order to defeat a vampire, a stake must be driven into the vampire's heart. Since Alfonso is associated with a force of evil and his crime is "stealing" minds, have students speculate as to how his power might be defeated.

V. *LA AVENTURA*

A. EL VIAJE AL PASADO: TIEMPO OBJETIVO Y TIEMPO SUBJETIVO

Have students discuss the topic of time travel and its appearance in popular culture. Explore with the class why this is a topic of such high interest and popularity. Here are some examples of books, movies, and TV shows that feature time travel, to get the discussion going: The movies *Back to the Future*, *Somewhere in Time*, and *Star Trek First Contact*; the sci-fi shows *Quantum Leap*, *Babylon 5*, and all the *Star Trek* series; the classic works *The Time Machine* by H. G. Wells and *The Winds of Time* by Chad Oliver. You will also find abundant recent fiction on this theme.

B. ¿LIBRE ALBEDRÍO O PREDESTINACIÓN?

Discuss questions 1 and 2 with the whole class. Take a vote after the discussion to see how many students think Marisol has control over her relationship with Alfonso. Those who believe she does should explain how Marisol could have changed certain circumstances and events by her actions. Those who believe she does not should explain their position. Then take a vote on Alfonso's situation.

Questions 3 and 4 may be discussed in pairs in class or you may want to assign them as a writing assignment for homework. This activity serves as a springboard for a class debate on free will vs. predestination.

Explain to students that the theme of free will vs. predestination is a recurring theme in literary works. In Spanish literature the character of Segismundo, from *La vida es sueño* (by Pedro Calderón de la Barca), is one of the more famous Baroque figures who encompasses this theme. He is locked away in a tower because his father, the king, fears that his son will overthrow his reign in the future. Gradually, circumstances find Segismundo in the castle and he proves himself to be a just leader. Did Segismundo have control over his situation or was he predestined to live half of his life in a tower? Ask students if they know of any other famous figures or works that embody this philosophical theme. They may come up with some Shakespearian characters.

C. LA AVENTURA DE MARISOL: USTED ES PERIODISTA

Discuss the characters of Marisol and Alfonso. Before doing the first two questions in 1, ask students to list the main actions that occur in the final adventure of the novel and write them on the board. Some examples might be:

- Marisol se reúne con Alfonso a medianoche.
- Alfonso es poderoso y Marisol tiene miedo.
- Emprenden un viaje por el tiempo y visitan lugares y personas importantes en la historia de España.
- Marisol finge ser Marina y habla con Alfonso sobre su condena y la niña árabe.
- Por fin, Marisol convence a Alfonso de que debe terminar con su condena y su sufrimiento.

Explore possible titles for the article, given those main actions. Then have students offer their analyses of the situation by concentrating on item 2. Have them think about characters with whom Marisol might be compared. Questions in 3 and 4 could be assigned as homework since they ask for students' opinions.

You may want to have students type these articles so that they appear as in a newspaper. Volunteers may read their articles in class the next day or exchange articles and read silently in class. They could then discuss their opinions laid out in questions 3 and 4.

RECAPITULACIÓN: ACTIVIDADES PARA LA ESCRITURA

The activities in this section are also intended for class discussion, and may be presented using any of the techniques in previous activities. At this point, however, we suggest that students be encouraged to focus on writing. You may want to have students prepare research projects, compositions, and/or oral presentations on the writers, artists, and artistic movements mentioned in the story. You may also want to consider the following topics for compositions.

1. Have students write a short, personal essay on a topic related to the epigraphs such as **La vida es un sueño, El amor es eterno**, or **El amor sobrevive más allá de la muerte**.

2. Help students get started on the assignment **El amor**. Ask for volunteers to reread Javier's articles and summarize them for the class. Brainstorm with the class and write on the board some of the romantic ideas Javier expresses to Marisol. You may want to compose a sample letter with students' help. Another related topic: **Marisol y Javier describen su luna de miel.**

3. Use item 2 in activity C as a springboard for writing. Students could write a short report focusing on the power of a character in a book or a film: **Un personaje que me impresionó mucho** or **Un personaje que tiene poder sobre mí.**

4. Activity D allows students the opportunity to express their philosophical ideas in the form of a dialogue. For item 4, which deals with the topic of free will vs. predestination, you may want to give students additional topics for a more formal type of composition. Suggestions: **Mi vida: una tormenta sin control.** Or **Mi vida: fuente de estabilidad.**

5. Discuss the narrative structure of the novel, pointing out that the end is, in a way, the beginning. Mention that this circular

structure is a popular technique in literary fiction. However, Marisol is retelling her story from a new point of view. The last phrase, **Había una vez un soldado español**, does not refer to the narrator's diary, but focuses directly on Alfonso and Marisol's involvement with him. After this discussion, assign activity E as a written assignment. Explain to students that you want them to tell the story in their own words, ideally adding a new twist.

Vocabulario

*T*he Spanish-English vocabulary contains all the words that appear in the text, with the following exceptions: 1) most close or identical cognates; 2) most conjugated verb forms; 3) diminutives in **-ito/a**; 4) absolute superlatives in **-ísimo/a**; 5) most adverbs in **-mente**; 6) personal pronouns; 7) cardinal numbers. Only the meanings that are used in the text are given.

The gender of nouns is indicated, except for masculine nouns ending in **-o** and feminine nouns ending in **-a**. Stem changes and spelling changes are indicated for verbs: **dormir (ue, u); llegar (gu)**. Consult a grammar textbook for the proper conjugation of verbs.

The following abbreviations are used.

adj.	adjective	*irreg.*	irregular
adv.	adverb	*m.*	masculine
coll.	colloquial	*n.*	noun
conj.	conjunction	*p.p.*	past participle
f.	feminine	*pl.*	plural
ger.	gerund	*prep.*	preposition
inf.	infinitive	*pron.*	pronoun
interj.	interjection	*Sp.*	Spain
inv.	invariable in form	*v.*	verb

abajo down; below
abandonar to abandon
abarcar (qu) to include, comprise; to cover, encompass
aberración *f.* aberration

abierto/a (*p.p. of* **abrir**) open, opened
abrazar (c) to hug, embrace; **abrazarse** to hold onto
abrazo hug

abril *m.* April

abrir (*p.p.* **abierto/a**) to open; **abrírsele el apetito** to whet one's appetite

absorto/a absorbed, entranced

abstracto/a abstract

absurdo/a absurd

abundancia abundance, great quantity

abundante prolific, abundant

aburrido/a bored; boring, tiring

aburrir to bore; to tire, weary

acabar to finish; **acabar de +** *inf.* to have just (*done something*); **acabarse** to be over, finished; **no acabar de entender** not to understand

académico/a academic

acalorado/a heated

acariciar to caress, stroke

acceder to consent, agree

acceso access

acción *f.* action

aceptar to accept; **aceptar +** *inf.* to agree to (*do something*)

acerca de about, concerning

acercamiento the action of becoming closer

acercarse (**qu**) to approach, draw near

aclaración *f.* clarification, explanation

aclarar to clarify; to explain

acomodar to make comfortable

acompañar to accompany, go with

aconsejar to advise

acontecimiento event

acostado/a lying down

acostumbrado/a customary, usual

acostumbrarse to get used to

actitud *f.* attitude

activarse to activate, come on (computer)

actividad *f.* activity

acto act, action; deed

acuerdo: de acuerdo agreed; O.K.; (**no**) **estar** (*irreg.*) **de acuerdo** (not) to agree

acusar to accuse

adecuado/a appropriate, right

adelante: de ahora en adelante from now on; **más adelante** later

además (**de**) in addition (to); besides; moreover

adentro *adv.* within, inside; *m. pl.* innermost self

adicto/a addict

adiós good-bye

adivinar to read; to guess

adivino/a fortune teller

admiración *f.* admiration

admirador(a) admirer

admirar to admire

admitir to admit; to allow for

adolescencia adolescence

adolescente *m., f.* adolescent

adónde (to) where

adoptar to adopt

adormecido/a drowsy; lulled to sleep

adquirir (**ie**) to acquire

adquisición *f.* acquisition; purchase

adulto/a adult, mature

advertir (**ie, i**) to warn

afectar to affect; to infect

afectuoso/a affectionate

afición *f.* interest, enthusiasm, hobby

afirmar to affirm, assert

afortunado/a fortunate, lucky

africano/a African

afuera outside; outdoors

agente *m.*, *f.* **de viajes** travel
  agent
agitado/a agitated, distressed;
  bustling
agonía agony; death throes
agotado/a exhausted, drained
agradable agreeable, pleasant
agradar to please
agradecer (**zc**) to thank (for)
agradecido/a grateful
agregar (**gu**) to add
agricultura agriculture
agua *f.* (*but* **el agua**) water
ahí there; **por ahí** that's where
ahogarse (**gu**) to drown; to choke
ahora now; **ahora mismo** right
  now; **de ahora en adelante**
  from now on; **por ahora** for
  the time being
ahorros *m. pl.* savings
aire *m.* air; appearance
ajeno/a someone else's
albedrío: libre albedrío free will
alcance: al alcance accessible
alegar (**gu**) to claim, contend
alegrar to cheer up, make happy;
  to brighten
alegre cheerful; lively
alegría happiness
alejado/a distant; alienated
alejarse to withdraw, grow apart
alerto/a alert, watchful
algo *pron.* something; *adv.*
  somewhat, a little; **¿le pasa
  algo?** is something the matter
  (with you)?
alguien someone
algún, alguno/a *adj.* some, any;
  pron. someone, anyone; **alguna
  vez** at some time, ever; **de
  alguna manera** somehow
aliento breath
aliviar to relieve

allá: allá arriba up there; **más
  allá dé** beyond
allí there, over there
alma *f.* (*but* **el alma**) soul; spirit;
  amigo/a del alma soulmate
almendrado/a almond-shaped
almohada pillow
almohadón *m.* cushion, pillow
alrededor *n. m.*: **alrededor de**
  prep. around; **mirar al
  alrededor** to look around
altar *m.* altar
alterar to change; **alterarse** to
  become upset; to show one's
  feelings
altercado altercation,
  disagreement
alternativo/a alternative
alto/a tall; high
alucinar to hallucinate, dream
alusión *f.* allusion, reference
amabilidad *f.* kindness
amable friendly; kind
amado/a *n.* beloved; *adj.* loved
amante *m.*, *f.* lover
amar to love
amargo/a embittered
amasar to amass
ambiente *m.* atmosphere,
  ambience
ambos/as both
amenaza threat
amenazado/a threatened
amigo/a friend; **amigo/a del
  alma** soulmate
amistad *f.* friendship
amistoso/a friendly
amo master
amor *m.* love
amoroso/a amorous, loving
amplio/a ample, extensive, large
amueblado/a furnished
análisis *m.* analysis

analista *m., f.* (computer) analyst
analizar (**c**) to analyze
andar *irreg.* to walk; to go
 (around), move; **andar con
 rodeos** to beat around the bush
anfitrión, anfitriona host,
 hostess
ángel *m.* angel
angustiado/a anguished,
 distressed
anillo ring
animado/a lively, animated
animarse to cheer up
ánimo mood, spirit
anoche last night
anotación *f.* diary entry
anotar to make note of, jot down
ansiedad *f.* anxiety
ansioso/a anxious, worried
antes *adv.* earlier; before; **antes
 de** *prep.* before; **lo antes
 posible** as soon as possible
antiguo/a old
antropólogo/a anthropologist
anular to negate; to erase
anunciar to announce
año year; **Día** (*m.*) **de Año
 Nuevo** New Year's Day; **los
 años veinte** the twenties
apagarse (**gu**) to go out (*fire,
 light*)
aparato apparatus, gadget
aparecer (**zc**) to appear, show up
aparente apparent, seeming
aparición *f.* (ghostly) apparition
apariencia appearance
apartamento apartment
aparte: modestia aparte
 modesty aside
apasionado/a passionate
apasionar to impassion, excite
apenar to sadden
apenas hardly

apetito: abrírsele el apetito to
 whet one's appetite
apoyo support
apreciar to appreciate
aprender to learn
aprensión *f.* apprehension
aprensivo/a apprehensive
apretado/a tight
apretar (**ie**) to hold tightly
apropiarse de to appropriate,
 take over
aprovechar to take advantage of;
 to take the opportunity
apuesto/a elegant; handsome
apuntar to point; to jot down
apunte *m.* note
aquel, aquella *adj.* that (*over
 there*); *pl.* those (*over there*);
 en aquel entonces back then,
 in those days
aquél, aquélla *pron.* that (one)
 (*over there*); that person;
 pl. those
aquello that, that thing, that
 incident
aquí here; **he aquí** behold; here
 is/are
árabe *n. m., f.; adj.* Arab
árbol *m.* tree
arboleda grove, wood
arbusto bush, shrub
archivo file
arder to burn, feel hot
ardiente burning
ardor *m.* burning
arena sand
argumento argument, line of
 reasoning
aristócrata *m., f.* aristocrat
arma *f.* (*but* **el arma**) weapon
armada army, squadron
armar to arm
armonía harmony

aroma *m.* aroma
arquetipo archetype, universal figure
arquitecto/a architect
arrancar (**qu**) to pull, tear out
arreglar to arrange
arriba above; overhead; upstairs; **allá arriba** up there
arrodillarse to kneel
arropado/a tucked under the covers, bundled up
arrugarse (**gu**) to shrivel up
arte *m.* art
artículo article
artista *m., f.* artist
artístico/a artistic
asegurar to assure
asequible accessible
asesinar to murder
asesino/a murderer
asfixiante suffocating
así so, thus, this/that way; this is / that's how;
asimilar to assimilate, take in
aspecto aspect
astrónomo/a astronomer
asumir to assume
asunto subject, matter; problem; *pl.* affairs, business
asustar to frighten
atardecer *m.* evening
atención *f.* attention
atender (**ie**) to take care of; to serve
atentado affront, attack
atentamente attentively
aterrorizar (**c**) to terrify
atónito/a astonished, speechless
atormentar to torment
atracción *f.* attraction
atractivo *m.* attractive quality
atraer (*like* **traer**) to attract
atrapado/a trapped

atrás: dar (*irreg.*) **marcha atrás** to go back; **dejar atrás** to leave behind
atravesar (**ie**) to cross, go through
atreverse a + *inf.* to dare to (*do something*)
atrevimiento boldness, insolence
atuendo attire, outfit
aumentar to increase
aumento increase, raise
aun *adv.* even
aunque *conj.* although
ausente absent
autobiografía autobiography
autobús *m.* bus
autómata *m.* robot, automaton
automático/a automatic
autoridad *f.* authority
autorización *f.* authorization
autorizar (**c**) to authorize
autosugestión *f.* self-suggestion
avance *m.* advance
avanzar (**c**) to advance, make progress
aventura adventure
aventurero/a adventurous
avisar to advise, inform
ayer yesterday
ayuda help, assistance
ayudar to help
azul blue
azulado/a bluish

bailar to dance; **sacar** (**qu**) **a bailar** to invite to dance
bailarina *n.* dancing shoe
baile *m.* dance; dancing; **salón** (*m.*) **de baile** dance hall
bajo/a low
balada ballad
banco bench; bank; **banco de datos** databank
bandido/a scoundrel, bandit

banquete *m.* feast
bar *m.* bar
barbaridad *f.* outrageous act
barroco/a baroque
basado/a en based on
base *f.* basis
básico/a basic
basta ya *interj.* enough
bastante rather, quite, quite a bit
batalla battle
beber to drink
beca scholarship, grant
belleza beauty
beneficiar to benefit
beneficio benefit
besar to kiss
beso kiss
biblioteca library
bien *adv.* well; **caerle** (*irreg.*)
  bien to make a good impression
  on (*someone*); **llevarse bien** to
  get along well; **salir** (*irreg.*)
  bien to turn out fine
bienestar *m.* welfare
bienvenida welcome (*greeting*)
biografía biography
biográfico/a biographical
blanco/a white
boca mouth
bocadillo sandwich (*Sp.*)
boda wedding
boga: en boga in vogue
bombardeado/a bombed,
  bombarded
bombardeo bombardment,
  bombing
bombón *m.* bonbon, chocolate
  candy
bondad *f.* goodness, kindness
borde *m.*: **al borde de** on the
  edge/verge of
borrar to erase
brazo arm

brecha gap
breve brief
brillante brilliant
brillar to shine
broma joke, prank
bromear to joke
bruja: hora de las brujas
  witching hour, midnight
bruscamente brusquely
bruto: fuerza bruta brute force
buen, bueno/a *adj.* good; **buen**
  provecho enjoy your meal;
  buenos días good morning
bueno well, all right
bulevar *m.* boulevard
burlador seducer, Don Juan
burlarse de to make fun of, mock
burlonamente mockingly
buscar (**qu**) to look for

caballero gentleman; knight
caballerosidad *f.* chivalry
caballeroso/a gentlemanly
cabello hair
cabeza head
cada *inv.* each, every; **cada cual**
  each one
cadáver *m.* corpse
cadena chain; network, channel
caer *irreg.* to fall; **caerle bien** to
  make a good impression on
  (*someone*)
café *m.* coffee; café
caja box
calidad *f.* quality
calificación *f.* grade; qualification
callar to be quiet; to silence;
  calla be quiet
callado/a silent, silently
calle *f.* street
calma *n.* calm, tranquility
calmado/a calm
calmarse to calm down

calor *m.* heat, warmth
caluroso/a hot, warm
cama bed
cámara: a cámara lenta in slow motion
cambiar to change
cambio change; **en cambio** on the other hand
camello *coll.* drug dealer, pusher (*Sp.*)
caminar to walk
caminata walk
camino a on the way to
camisa shirt
campamento campsite
campaña campaign
campeador *m.* mighty, heroic in battle
campo field
canción *f.* song; **canción de cuna** lullaby
canela cinnamon
canguro kangaroo
cansado/a tired, worn out
cansarse to get tired
cantante *m., f.* singer
cantar *m.* epic poem, saga
cantidad *f.* quantity
caos *m.* chaos
caótico/a chaotic
capa cape, cloak
capacidad *f.* capacity, ability
capaz (*pl.* **capaces**) able, capable
capital *f.* capital (*city*)
capítulo chapter
captar to capture; to understand
capturador(a) captor
cara face; **valer** (*irreg.*) **un ojo de la cara** to cost an arm and a leg
carácter *m.* (*pl.* **caracteres**) character, nature
característica characteristic
cargado/a laden

cargar (**gu**) to load; to carry
caricia caress
cariño affection; love
cariñosamente affectionately
carnaval *m.* carnival
carne *f.*: **de carne y hueso** of flesh and blood; **en carne propia** in the flesh
carrera career; course of study
carta letter
casado/a *n.* married person; husband/wife
casamiento marriage
casarse (**con**) to get married (to)
casi almost
caso case; **en todo caso** in any case; **hacerle** (*irreg.*) **caso a** to pay attention to (*someone*)
castaño/a brown, chestnut
castellano/a Castilian
castigar (**gu**) to punish
castigo punishment
castillo castle
catástrofe *f.* catastrophe
catedral *f.* cathedral
categoría category
católico/a Catholic; **los Reyes Católicos** the Catholic Monarchs (Fernando and Isabel)
causa cause
causar to cause
ceder to yield, give in
cegador(a) blinding
cegar (**ie**)(**gu**) to blind
celebrar to celebrate
célebre famous
celos *m. pl.* jealousy
celoso/a jealous
cena dinner, supper
cenar to dine, eat dinner
cenicero ashtray
ceniza ash

centrífugamente from the center outward

centro center; computer center; center city

cerca *adv.* near, nearby; **cerca de** *prep.* near

cercano/a near; impending

cerdo pig

cerebro brain; mind

cerrar (ie) to close, shut

cesar to end, stop

cesta basket

chaqueta jacket

charla chat

charlar to chat

chico/a boy/girl, young man/woman

chispa spark

chiste *m.* joke

chistoso/a funny

chocolate *m.* (hot) chocolate

chupar to suck

churro fritter

ciberespacio cyberspace

ciclo cycle

ciclón *m.* cyclone

ciegamente blindly

cielo sky

ciencia science; **ciencia ficción** science fiction

científico/a scientific

cierto/a certain, true; a certain; **estar** (*irreg.*) **en lo cierto** to be right

cigarrillo cigarette

cima summit, peak

cine *m.* cinema; movies

circunstancia circumstance

cita: faltar a una cita to break an appointment or date

ciudad *f.* city

ciudadano/a citizen

civil *adj.* civilian

claro *adv.* of course

claro/a clear

clase *f.* class; **compañero/a de clase** classmate

clásico/a classic

clasificación *f.* classification

clasificar (qu) to classify

clave key

cliché *m.* cliché

cliente *m., f.* client, customer

clima *m.* climate

clínica clinic

clínico/a clinical

coche *m.* car; **coche deportivo** sports car

cocina kitchen

cóctel *m.* cocktail

código code

colección *f.* collection

coleccionar to collect

coleccionista *m., f.* collector

colegio (mayor) student residence, dormitory

colgar (ue) (gu) to hang (*picture*)

colilla cigarette butt

color *m.* color

combatir to fight, battle

combinación *f.* combination

comentar to comment (on)

comentario comment

comenzar (ie) (c) to begin, start

comer to eat

cometer to commit

cómico/a comical, funny

comida food

comienzo beginning

como as, like; **como de costumbre** as usual; **tal como** just as, just the way; **tan... como** as . . . as; **un día como tantos** a day like any other

cómodo/a comfortable

compañero/a companion, friend; **compañero/a de clase** classmate

compañía company; companionship

comparable comparable

comparación *f.* comparison

comparar to compare

compartir to share

compasión *f.* compassion

competente competent

competir (i, i) to compete

complacer (zc) to please

complejo/a complex

completo/a complete; total; **por completo** completely, totally

complicado/a complicated

complot conspiracy; scheme

complutense from Alcalá de Henares

componer (*like* **poner**) to create

comportarse to behave, act

comprar to buy

comprender to understand

comprensivo/a understanding

comprometerse to become engaged

compromiso engagement, commitment

computadora computer

común: en común in common

comunicación *f.* communication

comunicar (qu) to communicate

comunidad *f.* community

con with; **con frecuencia** frequently; **con razón** with good reason; **(con) respecto a** with respect to; **con sólo** + *inf.* just by (*doing something*); **con sueño** sleepy; **encontrarse con** to meet with; to bump/run into; **esquina con** where it (*street*) intersects with; **romper con** to break with; **salir** (*irreg.*) **con** to date, go out with; **tener** (*irreg.*) **que ver con** to have to do with

concedido/a granted, agreed

concentrar to concentrate

conceptista *m., f.* pertaining to 17th-century Spanish literary style, that focuses on concepts

concepto concept

conciencia consciousness; **tomar conciencia de** to become aware of

concluir (y) to conclude; to finish

concreto/a specific, definite

condena sentence, punishment

condenado/a *n., adj.* condemned (person)

condenar to condemn; to find guilty

condición *f.* condition

conducir (*irreg.*) to drive (a car)

conectar to connect

confesar (ie) to confess, admit

confesión *f.* confession

confianza confidence, trust; **tener** (*irreg.*) **confianza a (en)** trust

confiar (confío) to confide

confirmar to confirm

conflicto conflict

confortante comforting

confundir to confuse

confusión *f.* confusion

conmigo with me

conmover (ue) to move, affect (*emotionally*)

conocer (zc) to know, be familiar with; to meet; **dar** (*irreg.*) **a conocer** to reveal, make known; **conocerse por** to be known by

conocido/a well-known; familiar

conocimiento knowledge; *pl.* learning

conquista seduction; conquest
conquistar to seduce, win over; to conquer
consciente conscious, aware
conseguir (**i, i**) (**g**) to obtain, get; **conseguir** + *inf.* to manage to (*do something*); **conseguir que** to succeed in getting
consejero/a counselor
consejo advice; *pl.* advice
considerar to consider
consistencia substance
constante lasting, enduring
construcción *f.* construction
construir (**y**) to build; to create
consultar to consult
contacto contact; touch
contagioso/a contagious
contaminación *f.* contamination
contaminar to infect
contar (**ue**) to tell, relate; to count
contemplación *f.* contemplation, meditation
contemplar to look at, contemplate
contemporáneo/a contemporary
contener (*like* **tener**) to contain
contento/a happy, content
contestador *m.* answering machine
contestar to answer, respond to
contigo with you
continuar (**continúo**) to continue; to go on
contra against; opposed to; **en contra de** against
contrario: al contrario on the contrary; **de lo contrario** otherwise
contraste *m.* contrast
contrato contract

contribución *f.* contribution
contribuir (**y**) to contribute
control *m.* control
controlar to control
convencer (**z**) to convince
conversación *f.* conversation
conversar to converse, talk
convertir (**ie, i**) to convert, turn into; **convertirse en** to turn into; to become
convicción *f.* conviction
convincente convincing
copa wineglass, drink
corazón *m.* heart
corbata necktie
cordura good sense, sanity
correo electrónico e-mail
correr to run; to flow (*tears*)
cortar con to break up with; **cortarse** to break off
cortejo courtship
cortesía courtesy
cortina curtain
cosa thing; **cualquier cosa menos eso** anything but that
costar (**ue**) to cost
costumbre *f.*: **como de costumbre** as usual
creador(a) creator
crear to create
crecer (**zc**) to grow
creencia belief
creer (**y**) to believe, think; **creer que sí** to think so
crema cream
crianza rearing, bringing up
criarse (**me crío**) to grow up, be brought up
crimen *m.* crime
criminal *m., f.* criminal
crisis *f. inv.* crisis
cristalino/a crystalline

croissant *m.* croissant

crónica chronicle, history

cronista *n. m., f.; adj.* chronicler, recorder

crudo/a harsh

cruzado/a crossed

cuaderno notebook

cuadrado/a square

cuadro painting

cual *pron., adj.* what, which (one); **cada cual** each one; **por lo cual** for which reason, because of which

¿cuál? what?, which (one)?

cualidad *f.* quality

cualquier(a) any; whatever; **cualquier cosa menos eso** anything but that

cuán *adv.* how

cuánto/a *adj., adv.* how much; *pl.* how many

cuarenta: no llegar (gu) a los cuarenta to be not yet forty (years old)

cuartilla sheet of paper

cuarto room

cubista cubist

cubrir (*p.p.* **cubierto/a**) to cover; to envelop

cubierto/a (*p.p. of* **cubrir**) covered

cuenta account; **darse cuenta de** to notice; to realize; **perder (ie) cuenta de** to lose track of; **tomar en cuenta** to take into account

cuerpo body

cuestión *f.* matter

cuestionar to question, examine

cuidado *interj.* take care; **tener (irreg.) cuidado** to be careful

cuidarse to take care of oneself

culpa fault

culpable guilty

culpar to blame

cultura culture

cumplir con to fulfill

cuna: canción (*f.*) **de cuna** lullaby

curar to cure

curiosidad *f.* curiosity; **tener (irreg.) curiosidad** to be curious

cursar to study, take (courses)

cursi maudlin, trite

curso course

dama lady

danza dance

danzante leaping

danzar (c) to dance

daño: hacer (irreg.) daño a to harm, hurt

dar *irreg.* to give; **dar a conocer** to reveal, make known; **dar fin a** to finish off; **dar gracia** to strike funny; **dar mala espina** to make suspicious; to give bad vibes; **dar marcha atrás** to go back; **dar miedo** to frighten; to be frightening; **dar muerte** to kill; **dar saltos** to bound around; **dar un paseo** to take a walk; **dar un paso** to take a step; **dar vómito** to make sick to one's stomach; **dar vueltas** to undergo changes, to twist and turn; **darse cuenta de** to notice; to realize

datar de to date from

dato fact; *pl.* data, information; **banco de datos** databank

deber to owe; **deber + inf.** should, must, ought to (*do something*)

débil weak
decadente decadent
decidir to decide
decir *irreg.* (*p.p.* **dicho/a**) to say; to tell; **es decir** in other words; **querer** (*irreg.*) **decir** to mean
decisión *f.* decision; **tomar una decisión** to make a decision
declarar to declare
decorador(a) decorator
dedicarse (**qu**) to dedicate oneself
dedo finger; **dedo índice** index finger
deducir (*like* **conducir**) to deduce, figure out
defecto defect
defender (**ie**) to defend
defensiva: a la defensiva on the defensive
definición *f.* definition
definir to define
dejar to leave; to allow; **dejar atrás** to leave behind; **dejar de** + *inf.* to stop, cease (*doing something*); **dejarse llevar** to let oneself be carried away
delicioso/a delightful
delirio delirium
demás: los/las demás the rest, the others; other people
demasiado *adv.* too; too much
demasiado/a *adj.* too much; *pl.* too many
demente *m., f.* madman/madwoman
demonio demon, devil
demostrar (**ue**) to show
denegar (**ie**) (**gu**) to deny
denso/a dense, heavy
dentro de inside; within
denuncia denunciation
denunciar to denounce; to accuse of a crime

departamento department
depender de to depend on
deportivo: coche (*m.*) **deportivo** sports car
depositar to put, place
deprimirse to get depressed
derecha: a la derecha to the right
derrotar to defeat
desafiante defiant, challenging
desafío challenge
desaparecer (**zc**) to disappear
desaparición *f.* disappearance
desastre *m.* disaster
desayunar to have breakfast
desayuno breakfast
descansar to rest
descender (**ie**) to go down; to descend; **descender de** to descend from (*ancestry*)
descenso descent
desconectado/a out of touch
desconocido/a unknown
describir (*p.p.* **descrito/a**) to describe
descripción *f.* description
descubrir (*p.p.* **descubierto/a**) to discover; to find out
descuidado/a careless
desde from; since; **desde... hasta** from . . . to
desear to want; to desire
desenfocarse (**qu**) to go out of focus, get blurry
desenfundar to unsheath
deseo desire, wish
desesperado/a desperate
desesperante despairing
desespero despair
desfilar to pass, parade
desierto/a deserted
desintegrar disintegrating
desistir de to desist from, stop

desmayado/a unconscious
desordenado/a disorderly
despacho office
despedirse (**i, i**) to say good-bye
despertar (**ie**) to wake up, awaken
despierto/a awake
desplegar (**ie**) (**gu**) to display
después *adv.* afterwards; later; then; **después de** *prep.* after; **después de todo** after all
destacar (**qu**) to stand out
destape *m.* (period of) liberalization
destello glimmer; beam (*of light*)
destino destiny
destrucción *f.* destruction
destructivo/a destructive
destruir (**y**) to destroy
desventaja disadvantage
detalle *m.* detail
detallista *m., f.* detail-oriented
detectar to detect
detector *n. m.* detector; *adj.* detecting
detener (*like* **tener**) to stop; to retain
detestar to hate, detest
detrás de behind
devoción *f.* devotion
devolver (**ue**) (*p.p.* **devuelto/a**) to restore; to return
devorar to devour
día *m.* day; **buenos días** good morning; **Día** (*m.*) **de Año Nuevo** New Year's Day; **hoy día** nowadays; **ocho días** a week; **todo el día** all day (long); **un día como tantos** a day like any other; **un día de éstos** one of these days
diablo devil; **¿por qué diablos?** why the heck?
diabólico/a diabolical; demonic

dialogar (**gu**) to converse
diálogo dialogue
diariamente daily
diario diary; journal
dicho saying
diente *m.* tooth
diferencia difference
diferente different
diferir (**ie, i**) to differ
difícil difficult
digital digital; **huella digital** fingerprint
digno/a fitting, appropriate; **digno de** worthy of
dilema *m.* dilemma
dimensión *f.* dimension
dinero money
dios god; **Dios** God; **¡por Dios!** *interj.* for heaven's sake!
directivo: mesa directiva board of directors
directo/a direct
director(a) director
dirigir (**j**) to direct; **dirigirse a** to address, appeal to (*someone*)
disco CD; record
discoteca nightclub, disco
discreto/a discreet
disculpa: pedir (**i, i**) **disculpas** to apologize
discutir to discuss
diseñador(a) designer, creator
disfrazado/a disguised, in costume
disfrutar to enjoy
disgustar to displease, annoy
disgusto irritation
disminuir (**y**) to lessen or diminish
dispositivo de seguridad safeguard, security device
dispuesto/a: estar (*irreg.*) **dispuesto/a a** + *inf.* to be willing, prepared, ready to (*do something*)

distancia distance
distanciarse to distance oneself
distante distant
distinguir (**g**) to make out, see
distinto/a distinct, different
distracción *f.* distraction
distraer (*like* **traer**) to distract
distraído/a distracted,
absentminded
diversión *f.* entertainment
divertido/a amusing, entertaining
divertir (**ie, i**) to entertain,
amuse; **divertirse** to have a
good time
dividir to divide
divulgar (**gu**) to divulge
documentación *f.*
documentation
documentar to document
documento document
doler (**ue**) to ache, hurt
dolor *m.* pain
dolorido/a hurt (*feelings*)
doloroso/a painful
dominar to dominate
domingo Sunday
dominio power, rule
don *m.* talent
don *m.* Don (*title of respect used
before a man's first name*); **don
Juan** ladykiller
doncella maiden, damsel
doña (*title of respect used before
a woman's first name*)
dormido/a asleep
dormir (**ue, u**) to sleep
dormitorio bedroom
dragón *m.* dragon
drama *m.* play, drama
dramático/a theatrical
droga drug
drogadicto/a drug addict
drogar (**gu**) to drug

duda doubt; **sin duda** without a
doubt
dudar to doubt
dueño/a owner; master; person
in charge
dulce sweet
dulzón, dulzona pleasant, gentle
duradero/a lasting
durante during, for (*time*)

e and (*used instead of* **y** *before
words beginning with* **i** *or* **hi**)
ecléctico/a eclectic
eco echo
economía economics
echar a + *inf.* to begin to (*do
something*) abruptly; **echar de
menos** to miss
edad *f.* age
edificio building
editorial *m.* editorial; publishing
house
efecto effect; **en efecto** in fact
eficaz (*pl.* **eficaces**) efficient
eficiencia efficiency
efímero/a ephemeral, short-lived
ejemplo: por ejemplo for
example
ejercito army
electricidad *f.* electricity
electrónico/a electronic; **correo
electrónico** e-mail; **juego
electrónico** video game
elegancia elegance
elegante elegant
elegido/a chosen, selected
elemento element
eliminar to delete
embajador(a) ambassador
embargo: sin embargo however,
nevertheless
embrujado/a bewitched;
bewitching

emerger (**j**) to emerge
emisor *m.* transmitter
emitir to emit
emoción *f.* emotion
empezar (**ie**) (**c**) to begin, start
empleado/a employee
empleo employment, job
emprender to undertake, set
   out on
empresa company, firm
empujar to push, shove
enamorado/a *n.* sweetheart,
   lover; *adj.* infatuated, in love
enamorarse to fall in love
encantar to delight in; to enchant
encargado/a in charge
encarnación *f.* incarnation
encarnar to personify; to bring
   to life
encerrado/a enclosed, shut in
encogedor(a) shrink(er)
encoger (**j**) to shrink
encontrar (**ue**) to find; to meet;
   to encounter; **encontrarse**
   to find oneself; to be;
   encontrarse con to meet
   with; to bump/run into
encuentro encounter, meeting
energía energy
enero January
enfocar (**qu**) to focus; **enfocarse**
   to come into focus
enfrentarse a to confront, face
enfurecerse (**zc**) to lose one's
   temper, become furious
enfurecido/a infuriated
engañar to deceive, trick
enhorabuena *f.* congratulations
enigma *m.* enigma
enigmático/a enigmatic
enojarse to get angry
enorme huge, enormous
ensayo essay

enseñar to show
entender (**ie**) to understand; **no**
   acabar de entender not to
   understand; **tener** (*irreg.*)
   entendido to understand
entero/a entire, whole
entidad *f.* entity, being
entonces then; in that case; **en**
   aquel entonces back then, in
   those days
entrada entrance; admittance
entrar to enter, come/go in
entre between; among
entregar (**gu**) to deliver, give;
   entregarse to abandon oneself;
   to surrender
entretener (*like* **tener**) to
   entertain, amuse
entretenimiento entertainment
entrevista interview
entristecer (**zc**) to make sad
entusiasmo enthusiasm
enumerar to list
envejecer (**zc**) to age
enviar (**envío**) to send
envolver (**ue**) (*p.p.* **envuelto/a**)
   to envelop; to involve
épico/a epic
epígrafe *m.* epigraph, quotation
episodio episode
época era; period
equipado/a equipped
equivalente *m.* equivalent
equivocarse (**qu**) to be
   mistaken
escala scale
escalofrío chill, shiver
escapar to escape
escena scene
esclavo/a slave
escoger (**j**) to choose
escogido/a *n.* chosen one
esconder to hide; to conceal

escribir (*p.p.* **escrito/a**) to write
escrito *n.* document; **escrito/a**
   adj. (*p.p. of* **escribir**) written
escritor(a) writer
escritorio desk
escritura writing; **escritura a**
   máquina typewriting
escuchar to listen to; to hear
ese, esa *adj.* that; *pl.* those
ése, ésa *pron.* that (one); *pl.* those
esencia essence, life force
esencial essential
esfuerzo effort
esfumarse to fade away, vanish
eso that; that matter; **cualquier**
   cosa menos eso anything but
   that; **por eso** that's why
espacio area, space
espacioso/a spacious
espada sword
español(a) Spanish
españolizar (**c**) to Hispanicize
especial special; **en especial**
   especially
especialidad *f.* specialty
especialista *m., f.* specialist
especializado/a specialized
específicamente specifically
espectacular spectacular
espectáculo spectacle, show
espectador(a) spectator
espejo mirror
esperanza hope
esperar to wait (for); to hope;
   to expect
espina: dar (*irreg.*) **mala**
   espina to make suspicious,
   to give bad vibes
espíritu *m.* spirit
espiritual spiritual
esplendor splendor
esplendoroso/a magnificent
esposo/a husband/wife; spouse

esquina (street) corner;
   esquina con where it (*street*)
   intersects with
estabilidad stability
estable dependable
estación season
estado state, condition
estancado/a stagnant, at a dead
   end
estar *irreg.* to be; to be located;
   estar a punto de + *inf.* to be
   about to (*do something*); (**no**)
   estar de acuerdo (not) to
   agree; **estar dispuesto/a a** +
   inf. to be willing, prepared,
   ready to (*do something*); **estar**
   en lo cierto to be right
estatua statue
este, esta *adj.* this; *pl.* these;
   esta noche tonight
éste, ésta *pron.* this (one);
   pl. these; **un día de éstos**
   one of these days
estereotipado/a stereotypical
estereotipo stereotype
estilo style
estimado/a esteemed
estimar to esteem, appreciate
estimular to stimulate
estímulo stimulus, stimulation
esto this; this thing; this matter
estrategia strategy
estrella star
estructura structure
estruendo loud rumbling
estruendoso/a deafening
estudiante *m., f.* student
estudiar to study
estudio study; *pl.* studies
estudioso/a scholar
estupendo/a great, wonderful
eterno/a eternal
eufórico/a euphoric

evadir to evade, avoid
evento event, occurrence
evidencia evidence
evitar to avoid
evocar (qu) to evoke
exacto/a exact
exaltación *f.* glorification
examen *m.* exam
exasperante exasperating
exasperar to exasperate
excelente excellent
excéntrico/a eccentric
excepcional exceptional
exclamar to exclaim
exclusivamente exclusively
exhausto/a exhausted
exhibir to exhibit
existencia existence
existir to exist
éxito success
exitoso/a successful
éxodo exodus
experiencia experience
experimentar to experience
experto/a *n., adj.* expert
explicación *f.* explanation
explicar (qu) to explain
explorar to explore
expresar to express
expresión *f.* expression
expulsado/a expelled, driven out
expulsión *f.* expulsion
extasiado/a ecstatic, enraptured
exterior exterior, from outside
  (the system)
extraer (*like* **traer**) to extract
extranjero/a foreign
extrañar to miss; to find strange
extraño/a strange
extraordinario/a extraordinary
extraterrestre *m., f.* alien,
  extraterrestrial being
extremo extreme

fachada facade, appearance
fácil easy
facilitar to facilitate
factible feasible, practicable
facultad *f.* school, college;
  pl. (mental) faculties
fallo judgment
falso/a false
falta lack; need; **hacer** (*irreg.*)
  falta to be missing, lacking
faltar to need; to lack; **faltar a una**
  cita to break an appointment
fama reputation
famoso/a famous
fantasía fantasy; imagination
fantasma *m.* ghost
fantástico/a incredible
farsa farse
farsante *m., f.* fraud
fascinante fascinating
fascinar to fascinate
fascista *m., f.* fascist
fase *f.* phase
fastidiar to annoy
fatal deadly, lethal
favor: por favor please
favorito/a favorite
fax *m.* fax
fe *f.* faith
febril feverish
fecha date
feliz (*pl.* **felices**) happy
femenino/a feminine
feminismo feminism
feminista *m., f.* feminist
fenomenal fabulous, awesome
  (*coll. Sp.*)
feroz (*pl.* **feroces**) ferocious,
  fierce
fervor *m.* fervor
ficción *f.*: **ciencia ficción**
  science fiction
fiebre *f.* fever

fiel faithful
fiesta party
figura figure
fijamente: mirar fijamente to stare
fijar to fix; to set
fijo/a fixed
filosofía philosophy
filosófico/a philosophical
filósofo/a philosopher
fin *m.* end; **al fin** at last; **dar** (*irreg.*) **fin a** to finish off; **en fin** in short; **poner** (*irreg.*) **fin a** to put an end to; **por fin** at last, finally
final *n. m* end; *adj.* final, last; **a finales de** at the end of; **al final** at/in the end; **poner** (*irreg.*) **punto final** to finish
fingir (**j**) to pretend
firma signature; **sin firma** unsigned; anonymous
firmar to sign
firme *adj.* firm; *adv.* firmly
físico/a physical
fláccido/a flaccid
flamenco/a flamenco
flecha arrow
flechazo arrow wound
flirtear to flirt
flor *f.* flower
flotar to float
fluir (**y**) to flow
fogata campfire
folletín *m.* romance novel
fondo bottom; **en el fondo** deep down, at heart; **sin fondo** bottomless
fontanería plumbing
fontanero/a plumber
forma form; manner; way
formar to form
fornido/a strong

fortuna fortune
forzar (**ue**) (**c**) to force
fosforescente phosphorescent
foto(grafía) *f.* photo(graph)
fracasar to fail
fragmentado/a fragmentary, incomplete
francés *m.* French (*language*)
frase *f.* phrase; sentence
fray *m.* Brother (*religious title*)
frecuencia: con frecuencia frequently
frenéticamente frenetically, wildly
frente *n. f.* forehead; **frente a** *prep.* facing; in front of; **hacer** (*irreg.*) **frente a** to confront
fresco/a fresh, cool; new
freudiano/a Freudian
frío *n.* cold; **frío/a** *adj.* cold; **hacer** (*irreg.*) **frío** to be cold (*weather*)
frondoso/a leafy, lush
frotarse to rub together
fruta fruit
fuego fire
fuente *f.* fountain; source
fuera de outside of
fuerte strong; harsh
fuerza strength; force; **campo de fuerza** force field; **fuerza bruta** brute force; **sin fuerzas** powerless
fumador(a) smoker
fumar to smoke
función *f.* function
funcionar to run, work
fundamentarse to be based on
fundamento basis; grounds
furia fury, anger
furioso/a furious
futurista futuristic
futuro *n.* future; **futuro/a** *adj.* future

gafas (eye)glasses
galán *m.* leading man; gallant
   fellow
ganar earn; win; gain
ganas: tener (*irreg.*) ganas de +
   inf. to feel like (*doing
   something*)
garras clutches
generación *f.* generation
generacional generational
generador *m.* generator
general: en general; por lo
   general generally, in general
genial brilliant, excellent
genio genius
gente *f.* people
gentileza courtesy
gesto gesture
gira tour
gobernar to manage
gobierno government
golpe *m.* beat; de golpe suddenly,
   with a jolt
golpear to hit
gota drop
gozar (c) to enjoy
grabadora tape recorder
grabar to record
gracia talent; dar (*irreg.*) / hacer
   (*irreg.*) gracia to strike funny;
   gracias thank you
gracioso/a funny
gradualmente gradually
gran, grande big, large; great; en
   gran parte for the most part
grandioso/a grand
grecoespañol(a) Greco-Spanish
gris gray
gritar to shout, scream
grito shout, scream
grueso/a large
grupo group
guante *m.* glove
guapo/a good-looking

guardar to keep (*a secret*);
   guardar silencio to remain
   silent
guarida lair
guerra war
guerrero/a warrior
guiar (guío) to lead; to guide
gustar to be pleasing; to like
gusto taste; pleasure; a gusto
   comfortable; mal gusto poor
   taste

haber *irreg.* to have (*auxiliary*);
   haber de + *inf.* must, shall
   (*do something*); había there
   was/were; había una vez once
   upon a time; hay there is/are; no
   hay remedio it's a lost cause
hábil capable
habitación *f.* bedroom
habitante *m., f.* inhabitant
habitar to inhabit
hablador(a) talkative
hablar to speak; to talk
hacer *irreg.* (*p.p.* hecho/a) to do;
   to make; hacer + *time* (*time*)
   ago; hacer daño a to harm;
   hacer el papel de to play
   the role of; hacer falta to be
   missing, lacking; hacer frente
   a to confront; hacer frío to be
   cold (*weather*); hacer gracia to
   strike funny; hacer preguntas
   to ask questions; hacer sol to
   be sunny; hacer teatro to play
   act; hacer tiempo que to be
   quite a while that/since;
   hacerle caso a to pay attention
   to (*someone*); hacerse to
   become; hacerse pasar por to
   pretend to be
hacia toward
hambre: tener (*irreg.*) hambre
   to be hungry

harén *m.* harem

hasta *adv.* even; *prep.* until; up to; **desde... hasta** from . . . to; **hasta pronto** see you soon

hazaña heroic feat

hay (*irreg. form of* **haber**) there is/are

he aquí here is/are, behold

hechizo spell, enchantment

hecho *n.* fact; event; **de hecho** in fact; **hecho/a** (*p.p. of* **hacer**) made; done

hectárea hectare (*2.5 acres*)

herir (**ie, i**) to hurt, wound

hermano/a brother/sister

hermoso/a beautiful

héroe, heroína hero, heroine

hidalgo nobleman

hielo ice

hijo/a son/daughter; *pl.* children; **hijo único, hija única** only child

hilo thread, beam

hiperactivo/a hyperactive

hipnosis *f.* hypnosis

hipnotizar (**c**) to hypnotize

historia story; history

historiador(a) historian

histórico/a historical

hogar *m.* home

hola hello

hológrafo/a holographic

holograma *m.* hologram

hombre *m.* man

hombría manliness

hombro shoulder

honesto/a honest

honor *m.*: **invitado/a de honor** guest of honor

hora hour; time; **hora de las brujas** witching hour, midnight

horneado/a baked

horrendo/a horrendous

horror *m.* horror; **¡qué horror!** that's horrible!

hoy today; **a partir de hoy** from now on; **hoy día** nowadays

huella digital fingerprint

hueso: de carne y hueso of flesh and blood

huir (**y**) to flee

humanidad *f.* humanity

humano/a human; **ser** (*m.*) **humano** human being

humilde humble

humo smoke

humor *m.* humor

ibérico/a Iberian

idear to think up, come up with

identidad *f.* identity

idioma *m.* language

iglesia church

igual the same; **de igual a igual** as an equal

ilegalmente illegally

imagen *f.* image, picture; appearance

imaginación *f.* imagination

imaginar(se) to imagine, suppose; to picture

imaginario/a imaginary

imbécil *m., f.* imbecile, idiot

imitar to duplicate, replicate; to imitate

impacto impact

impedir (**i, i**) to prevent

imperfección *f.* imperfection

implicación *f.* implication, consequence

implicar (**qu**) to mean; to involve

implícito/a implicit

implorar to beg, implore

imponente imposing

imponer (*like* **poner**) to impose

importancia importance; significance
importante important
importar to import; to matter, be important to
impresión *f.* impression
impresionante impressive
impresionar to impress
impresionismo impressionism
impresionista impressionist
impresora (computer) printer
impuesto *n.* tax
impulsar to impel, drive; to force
impulso impulse
inaugurar to inaugurate
incapaz (*pl.* **incapaces**) incapable
incentivo incentive
incidente *m.* incident
incitante inciting, arousing
incluir (**y**) to include
incluso *adv.* including, even
incompleto/a incomplete, unintegrated
incomprensible incomprehensible
inconsciente unconscious
incorporarse to sit up
incrédulo/a incredulous
increíble incredible, unbelievable
incrementar to increase
incriminatorio/a incriminating
inculcar (**qu**) to instill
indecisión *f.* hesitation
indeciso/a undecided
indefenso/a defenseless; helpless
independencia independence
independizarse (**c**) to become independent
indicar (**qu**) to indicate; to show
índice: dedo índice index finger
indirecto/a indirect
individuo individual, person

índole *f.* type
inercia inertia
inerte inert
infancia childhood
infección *f.* infection
infectar to infect, contaminate
infelicidad *f.* unhappiness
infeliz *m., f.* (*pl.* **infelices**) wretch, poor devil
infidelidad *f.* infidelity
infierno hell; *pl.* fires of hell
infiltrar to infiltrate
infinito/a infinite
influencia influence
influir (**y**) to influence, have an influence
información *f.* information
informar to inform, tell; to report
informática computer science
informatizar (**c**) to computerize
informe *m.* report
infusión *f.* infusion
ingenuo/a naive
inglés, inglesa *adj.* English; *n. m.* English (*language*)
inicial initial
iniciar to begin
injustamente unjustly
inmaduro/a immature
inmediato/a immediate; **de inmediato** immediately
inmensidad *f.* immensity
inmóvil immobile
innovación *f.* innovation
inocente innocent
inofensivo/a inoffensive
inquietar to disturb, make uneasy
inquieto/a restless
inseguro/a insecure
insertar to insert, place
insistencia insistence; persistence

insistir to insist; to persist;
  insistir en + *inf.* to insist on
  (*doing something*)
insoportable unbearable
inspirar to inspire
instalarse to get into (*computer
  terminal*)
instante *m.* instant, moment
institución *f.* institution
instituto school, institute
insultar to insult
insulto insult
insuperable insurmountable
intangible intangible, insubstantial
inteligencia intelligence
inteligente intelligent
intención *f.* intention
intensidad *f.* intensity
intenso/a intense; powerful
intentar to try
intento attempt
interactivo/a interactive
interés interest
interesante interesting
interesar to interest
interior *n. m.* interior; *adj.* inner
Internet *m., f.* Internet
interpretación *f.* interpretation
interpretar to interpret,
  understand
interrumpir to interrupt
intervenir (*like* **venir**) to intervene
íntimo/a intimate
introducción *f.* introduction
introducirse en (*like* **conducir**)
  to get into
intuición *f.* intuition
inundar to inundate, flood, fill
inusitado/a unaccustomed,
  unusual
invadir to invade
invalidar to invalidate
invención *f.* invention

inventar to invent; to create
investigación *f.* investigation
invierno winter
invitación *f.* invitation
invitado/a *n.* guest; *adj.* invited;
  invitado/a de honor guest of
  honor
invitar to invite
involucrar to involve; to implicate
ir *irreg.* to go; **ir a** + *inf.* to be
  going to (*do something*); **irse**
  to go; to leave
izquierdo/a *adj.* left; *n. f.* left;
  al lado izquierdo on the left

jamás never; (not) ever
jamón *m.* ham
jardín *m.* garden
jefe/a boss; (drug)lord
joven *n. m., f.* young person;
  adj. young
juego game; **juego electrónico**
  video game
jueves *m. inv.* Thursday
jugador(a) player
jugar (**ue**) (**gu**) to play
juguete *m.* toy, plaything
juguetón, juguetona playful,
  mischievous
julio July
junto a alongside, next to
juntos/as together
jurar to swear
justo/a fair, just

kilómetro kilometer

labio lip
lado side; **al lado izquierdo** on
  the left
ladrón, ladrona thief
lago lake

lágrima tear
lamentablemente unfortunately
lánguido/a faint; soft
lápiz (*pl.* **lápices**) pencil
lapso lapse (*time*)
largo/a long
lástima shame, pity
latino: América Latina Latin America
lección *f.* lesson
lector(a) reader
lectura reading
leer (**y**) to read
legendario/a legendary
lejano/a distant, remote
lejos far (away)
lema *m.* slogan
lengua tongue; language
lenguaje *m.* language
lento/a slow; **a cámara lenta** in slow motion
león *m.* lion
letargo lethargy
letra letter (*of alphabet*); handwriting; *pl.* humanities
levantar to lift; **levantar en peso** to lift into the air; **levantarse** to get up
leve *adj.* slight; light
ley *f.* law
leyenda legend
liberar to set free, liberate
libertad *f.* liberty, freedom
librarse to escape
libre free; **libre albedrío** free will
libro book
lienzo canvas (*painting*)
limitación *f.* limitation
límite *m.* limit
limpiar to cleanse
limpieza (ethnic) cleansing; **limpieza de sangre** ethnic purity

limpio/a clean
lineal linear
líquido liquid
lista list
listo/a ready
literalmente literally
literario/a literary
literatura literature
llama flame
llamada call
llamar to call; **llamarse** to be called
llegada arrival
llegar (**gu**) to arrive; to come; to reach; **llegar a** + *inf.* to come to (*do something*); **no llegar a los cuarenta** to be not yet forty (years old)
llenar to fill
lleno/a full, filled
llevar to take; to carry; to wear; to have spent (*time*); to contain; **dejarse llevar** to let oneself be carried away; **llevarse bien** to get along well
llorar to cry
llover (**ue**) to rain
lluvia rain
loco/a *n.* madman/madwoman; *adj.* crazy; **volver** (**ue**) **loco/a** to drive (someone) crazy; **volverse loco/a** to go crazy
locuaz (*pl.* **locuaces**) talkative
locura madness, insanity
lógica logic, reason
lógico/a logical; **soporte** (*m.*) **lógico** software
lograr to achieve, obtain; to manage
lucha: en lucha in conflict
luchar to fight; to struggle
lucidez *f.* lucidity, clarity
lúcido/a lucid

luego then, next; later

lugar *m.* place; **tener** (*irreg.*) **lugar** to take place

lujo luxury

lujoso/a luxurious

luna moon; **luna de miel** honeymoon

lunes *m. inv.* Monday

luz *f.* (*pl.* **luces**) light

macabro/a macabre

machismo male chauvinism

machista *m.* macho, male chauvinist

macho *n.* male

madre *f.* mother

madrileño/a of/from Madrid

madrugada dawn

maduro/a mature

madurar to mature

maestro: obra maestra masterpiece

magia magic

mágico/a magical

magnificado/a magnified

magnífico/a magnificent

mago magician; wizard

majo/a attractive, handsome; congenial

mal *n.* evil; **mal de ojo** evil eye

mal *adv.* badly, poorly

mal, malo/a *adj.* bad; ill; **dar** (*irreg.*) **mala espina** to make suspicious; to give bad vibes; **mal gusto** poor taste; **no tiene** (*irreg.*) **nada de malo** there is nothing wrong with . . .

maldad *f.* wickedness, evilness

maldición *f.* curse

maldito/a cursed, damned

mallas *f. pl.* tights

malvado/a wicked, evil

mandar to send

manejar to master, to operate

manera manner; way; **de alguna manera** somehow

manifestar (**ie**) to show; to express; **manifestarse** to reveal oneself

mano *f.* hand; **pedir** (**i, i**) **la mano** to ask to marry; **tomados/as de la mano** holding hands

mansión *f.* mansion

mantener (*like* **tener**) to support; to maintain; **mantenerse** to stay, remain

manto cloak

manuscrito manuscript

manzana (city) block

mañana morning

maquillaje *m.* makeup

máquina machine; **escritura a máquina** typewriting

maravilloso/a marvelous

marcado/a marked, strong

marcha: dar (*irreg.*) **marcha atrás** to go back

marcharse to leave

marchitarse to wither, fade away

marco frame

mareo dizziness; nausea

marido husband

mármol *m.* marble

martes *m. inv.* Tuesday

más more; **el/la más reciente** the latest; **más adelante** later; **más allá de** beyond; **más que nada** primarily; **más que nunca** more than ever; **más tarde** later; **nunca más** (n)ever again

masa mass (as of dough)

masacre *m.* massacre

masculinidad *f.* masculinity

masculino/a masculine

matar to kill
matemático/a mathematician
matrimonio marriage
mayor major; **colegio mayor** student residence, dormitory; **plaza mayor** main square
mazmorra dungeon
mecánico/a mechanical
mecanismo mechanism
mecanizarse (c) to behave like a machine
media: y media thirty, half past (the hour)
medialuna croissant
medianoche *f.* midnight
médico/a doctor
medida measure; **a medida que** as, while
medio *n. m.* middle; **medio/a** *adj., adv.* half; **por medio de** by means of; **por todos los medios** by every means
mediodía *m.* noon
meditar to ponder
mejilla cheek
mejor *adj.* better; best; *adv.* better
mejoramiento improvement
mejorar to improve
melodía melody
melodioso/a melodious, poetic
melodrama *m.* melodrama
memoria memory
mencionar to mention
menor minor; younger; least, slightest
menos less; least; **cualquier cosa menos eso** anything but that; **echar de menos** to miss; **por lo menos** at least
mensaje *m.* message
mente *f.* mind
mentir (ie, i) to lie (*tell an untruth*)

mentira lie
merecer (zc) to deserve
merienda snack
mermelada jam, marmalade
mes *m.* month
mesa table; **mesa directiva** board of directors
mesón *m.* tavern
meterse to get into
metrópolis *f.* metropolis
mezcla mixture
mezclado/a mixed, scrambled
mezquita mosque
micrograbadora miniature tape recorder
microplaqueta microchip
miedo fear; **dar** (*irreg.*) **miedo** to frighten; to be frightening; **tener** (*irreg.*) **miedo** to be afraid
miel honey; **luna de miel** honeymoon
miembro member
mientras while
miércoles *m. inv.* Wednesday
milenario/a ancient, thousand-year-old
milenio millennium
mínimo minimum
minúsculo/a very small, tiny
minuto minute
mirada gaze; look, expression
mirar to look at, watch; **mirar fijamente** to stare
mismo/a same; selfsame, very; self; **ahora mismo** right now
misógino/a misogynous, woman-hating
misterio mystery
misterioso/a mysterious
moda: de moda popular, in style
modelo *m., f.* (fashion) model
modernización *f.* modernization

moderno/a modern
modestia: modestia aparte modesty aside
modo: de todos modos in any case; **modo de vivir** lifestyle
moldear to mold, shape
molestar to bother, annoy
molesto/a bothered, annoyed
molino windmill
momentáneo/a momentary
momento moment; **en ningún momento** never
monólogo monologue
monstruo monster
montaña mountain
montón *m.* heap, pile
monumento monument
moño bun (*hair*)
moribundo/a moribund, dying
morir(se) (**ue, u**) (*p.p.* **muerto/a**) to die
morisco/a Moorish
moro/a Moor
mortal *m.* mortal, person
mortalidad *f.* mortality
mortificar (**qu**) to upset, mortify
mostrar (**ue**) to show; to display; **mostrarse** to appear; to prove to be
motivar to motivate; to cause
motivo reason; motive
mover (**ue**) to move
movido/a lively, upbeat
movimiento movement
mucho *adv.* a lot, a great deal; **mucho/a** *adj.* much, a lot of; *pl.* many
mudanza moving (*residence*)
mudarse to move (*residence*)
mudo/a mute, silent
muebles *m. pl.* furniture
muerte *f.* death; **dar** (*irreg.*) **muerte** to kill

muerto/a (*p.p. of* **morir**) dead
muestra example, sample
mujer *f.* woman; wife
mujeriego womanizer
mundial *adj.* worldwide
mundialmente *adv.* worldwide
mundo world
muñeca de trapo ragdoll
murmurar to murmur
museo museum
música music
músico/a *n.* musician
mutuo/a mutual

nacer (**zc**) to be born
nación *f.* nation
nada *n.* nothingness; *pron.* nothing, (not) anything; **más que nada** primarily; **nada de** no, none; **no tiene** (*irreg.*) **nada de malo** there is nothing wrong with . . . ; **para nada** (not) at all, no way
nadador(a) swimmer
nadie nobody, (not) anybody
narcótico narcotic, drug
narración *f.* story
narrar to narrate, tell
naturaleza nature
náusea nausea
necesario/a necessary
necesidad *f.* necessity
necesitar to need
negar(se) (**ie**) (**gu**) to refuse; to deny
negativo/a negative
negocio business
negro/a black
nervioso/a nervous
ni neither; nor, or; **ni... ni** neither . . . nor; **ni por** (not) even for; **ni que** not even if; **ni siquiera** not even

ningún, ninguno/a no, none,
(not) any; **en ningún
momento** never
niño/a little boy / little girl; child
noche *f.* night; **esta noche** tonight;
toda la noche all night long
noción *f.* notion, sense
nocturno: vida nocturna
nightlife
nombrar to appoint
nombre *m.* name
normalidad *f.* normality
norte *m.* north
notar to notice; to observe
noticias news
novela novel; **novela rosa**
romance novel
novelista *m., f.* novelist
novio/a boyfriend/girlfriend;
fiancé/fiancée
nube cloud
nuevo/a *adj.* new; *f. pl.* news; **de
nuevo** (once) again; **Día** (*m.*)
de Año Nuevo New Year's Day
número number
nunca never, (not) ever; **más
que nunca** more than ever;
nunca más (n)ever again

obedecer (**zc**) to obey
objetivo *n.* objective, goal;
objetivo/a *adj.* objective
objeto object
obligación *f.* obligation
obligar (**gu**) to compel, force
obra work; **obra de teatro** play;
obra maestra masterpiece
observación *f.* observation
observador(**a**) observer
observar to observe; to remark
obsesión *f.* obsession
obstáculo obstacle
obtener (*like* **tener**) to obtain

obviamente obviously
ocasión *f.* occasion
ocho días a week
ocupado/a busy
ocurrir to occur, happen
odiar to hate
odio hatred
ofender to offend
oferta offer
oficialmente officially
ofrecer (**zc**) to offer; to volunteer
oído ear
oír *irreg.* to hear
ojalá *interj.* I hope; "hopefully"
ojeroso/a *having dark circles
under the eyes*
ojo eye; **mal** (*m.*) **de ojo** evil eye;
valer (*irreg.*) **un ojo de la
cara** to cost an arm and a leg
olivo: verde olivo olive green
olla de presión pressure cooker
olor *m.* smell
olvidar(**se**) (**de**) to forget
ondulado/a wavy
opaco/a opaque
opción *f.* option
opinar to think, opine
opinión *f.* opinion
oportunidad *f.* opportunity
opresivo/a oppressive
optimismo optimism
optimista optimistic
opuesto/a (*p.p. of* **oponer**)
opposing
orden *m.* order
ordenador *m.* computer (*Sp.*)
ordenar to order
orgulloso/a proud
origen *m.* origin
originarse to originate
orquestación *f.* orchestration
oscilador *m.* oscillator
oscilante oscillating

oscurecerse (**zc**) to go dark
oscuridad *f.* darkness
oscuro/a dark
ostentoso/a ostentatious
otoño autumn
otro/a *adj., pron.* other; another;
  otra vez again; **unos a otros**
  to each other

paciencia patience
paciente *m., f.* patient
padre *m.* father
paella paella (*dish made with
  rice, seafood, and chicken, and
  flavored with saffron*)
pagar (**gu**) to pay (for)
página page
paisaje *m.* landscape
palabra word
palacio palace
paliza thrashing
pan *m.* bread
pantalla screen
pantalones *m. pl.* pants;
  pantalones tejanos jeans
papá *m.* dad
papel *m.* paper; role; **hacer** (*irreg.*)
  el papel de to play the role of
par *m.* pair
para *prep.* (intended) for; to, in
  order to; **para nada** (not) at
  all, no way; **para que** *conj.* so
  that; **¿para qué?** why?; **para
  siempre** forever
paradero whereabouts
paraíso paradise
parálisis *f.* paralysis
paralizar (**c**) to paralyze
parar: sin parar nonstop; **venir**
  (*irreg.*) **a parar** to end up
parecer (**zc**) to appear, seem
  (like); **al parecer** apparently;
  parecerse a to resemble;

¿qué le parece? what do you
  think (about it)?
pared *f.* wall
pareja couple
párpado eyelid
parque *m.* park
parte *f.* part; **en gran parte** for
  the most part; **en parte** partly;
  por todas partes everywhere
participar to participate
partir to leave; **a partir de** as of;
  starting with; **a partir de hoy**
  from now on
pasado *n.* past; **pasado/a** *adj.*
  past, last
pasaje *m.* passage (*in a book*)
pasajero/a passenger
pasar to pass, go by; to happen;
  to spend (*time*); **hacerse** (*irreg.*)
  pasar por to pretend to be;
  ¿le pasa algo? is something the
  matter (with you)?; **¿qué pasó?**
  what happened?
pasatiempo pastime, hobby
pasear to take a walk; to "surf"
  (the Internet)
paseo avenue; walk, stroll; **dar**
  (*irreg.*) **un paseo** to take a walk
pasillo hallway
pasión *f.* passion
paso step; **dar** (*irreg.*) **un paso**
  to take a step
patología pathology
patria homeland
pausa pause
paz (*pl.* **paces**) peace
pedazo piece, fragment
pedir (**i, i**) to ask (for), beg for;
  pedir disculpas to apologize;
  pedir la mano to ask to marry
pelear to fight, battle
película movie, film
peligro danger

peligroso/a dangerous
pelo hair
pena shame; **valer** (*irreg.*) **la pena** to be worthwhile
penetrante penetrating
penetrar to penetrate; to enter
pensamiento thought; mind
pensar (**ie**) to think; to believe; to think over; **pensar** + *inf.* to plan, intend to (*do something*)
pensión *f.* boardinghouse
penumbra semidarkness
peor worse; worst
pequeño/a small
percibir to perceive; to sense
perder (**ie**) to lose; **perder cuenta de** to lose track of
perdón *m.* pardon, forgiveness
perdonar to forgive, excuse
perfecto/a perfect
periódico newspaper
periodista *m., f.* journalist
periodístico/a journalistic, (from a) newspaper
período period
permiso permission
permitir to permit, allow
perpetuar (**perpetúo**) to perpetuate
persecución *f.* persecution
perseguidor(a) pursuer; persecutor
perseguir (**i, i**) (**g**) to pursue; to persecute, harass
persistencia persistence
persistir to continue
personaje *m.* character
personalidad *f.* personality
pertenecer (**zc**) to belong (to)
perturbador(a) disturbing, upsetting
perturbar to disturb, upset
pesar: a pesar de in spite of

pesar to weigh; to be heavy
peso: levantar en peso to lift into the air
pestaña eyelash
pícaro/a *n.* rogue; *adj.* impish, mischievous
pie *m.* foot; **a pie** on foot; **de pie** standing; **ponerse** (*irreg.*) **de pie** to stand up; **seguir** (**i, i**) (**g**) **en pie** to still stand
piel *f.* skin
pinta look, appearance; veneer; **tener** (*irreg.*) **pinta de** to look like
pintor(a) painter, artist
pintura painting
pirata *m., f.* pirate, criminal
piso apartment; floor; story
pisotón *m.* heavy stomp (*on someone's foot*)
placer *m.* pleasure
plan *m.* plan
plana: primera plana front page
planear to plan
planificador(a) planner
plano plane; city map
plaza (town) square; **plaza mayor** main square
pliegue *m.* pleat
pluma feather
población *f.* population
pobre poor, pitiful
poco *adv.* little, a little bit; shortly; **poco/a** *adj.* little; *pl.* few
poder *n. m.* power; ability; *v. irreg.* to be able to, can
poderoso/a powerful
poema *m.* poem
poeta *m., f.* poet
poético/a poetic
policía police
político/a political
polvo dust

poner *irreg.* (*p.p.* **puesto/a**) to put; to place; **poner en práctica** to put into practice; **poner fin a** to put an end to; **poner punto final** to finish; **ponerse** to become; to make oneself; **ponerse a** + *inf.* to begin to (*do something*); **ponerse de pie** to stand up; **ponerse de rodillas** to kneel

pontificar (**qu**) to pontificate

popularizar (**c**) to popularize

poquito very little bit

por *prep.* for; by; through; across; because of; during; to; at; **conocerse por** to be known by; **ni por** (not) even for; **por ahora** for the time being; **por completo** completely, totally; **¡por Dios!** for heaven's sake!; **por ejemplo** for example; **por eso** that's why; **por favor** please; **por fin** at last, finally; **por lo cual** for which reason, because of which; **por lo general** generally, in general; **por lo menos** at least; **por lo tanto** therefore; **por los siglos de los siglos** forever and ever; **por medio de** by means of; **¿por qué?** why?; **¿por qué diablos?** why the heck?; **por suerte** luckily; **por supuesto** of course; **por todas partes** everywhere; **por todos los medios** by every means; **preguntar por** to ask about; **terminar por** + *inf.* to end up (*doing something*)

portero/a building manager

portón *m.* main entrance gate (*to house or grounds*)

porvenir *m.* future

pose *f.* pose

poseer (**y**) to possess, have

posesión *f.* possession

posibilidad *f.* possibility

posible possible

positivo/a positive

posponer (*like* **poner**) to postpone

pozo *n.* well

práctica: poner (*irreg.*) **en práctica** to put into practice

práctico/a practical; efficient

pragmático/a pragmatic, practical

preámbulo preamble, prologue

precisamente precisely

preciso/a exact, very

predecir (*irreg.*) to predict

predestinación *f.* predestination

predestinado/a predestined, predetermined

predicción *f.* prediction

predilecto/a favorite

preferencia preference

preferir (**ie, i**) to prefer

pregunta question; **hacer** (*irreg.*) **preguntas** to ask questions

preguntar to ask; **preguntar por** to ask about

prejuicio prejudice

prematuramente prematurely

premio award, prize

premonición *f.* premonition

preocupar(se) to worry

preparación *f.* training

preparar to prepare

presa prey, victim

presagiar to foretell

presagio omen; foreshadowing

presencia presence

presenciar to witness; to be present at

presentar to present; to introduce

presente present, here; **tener** (*irreg.*) **presente** to remember
presentimiento premonition, foreboding
presidente/a president
presión *f.*: **olla de presión** pressure cooker
preso/a prisoner
prestar servicio to be of assistance/service
prestigio prestige
previo/a preliminary
primavera spring(time)
primer, primero/a *adj.* first; *adv.* first; *n. m.* first (day); **a primera vista** at first sight; **primera plana** front page
primitivo/a primitive, antiquated
principal principal, main, primary; **unidad principal** mainframe
príncipe *m.* prince
principio: al principio at the beginning
prisa hurry, rush
prisionero/a prisoner
privado/a private
probar (**ue**) to try; to taste; to prove
problema *m.* problem
proceso process; procedure
producción *f.* production, output
producir (*like* **conducir**) to produce
productivo/a productive
producto product
profesión *f.* profession
profesor(**a**) professor
profundo/a deep; profound
prognosis *f.* prognosis, outcome
programa *m.* program
programado/a programmed
promesa promise
prometer to promise

promoción promotion
promover (**ue**) to promote, advertise
pronto soon; **de pronto** suddenly; **hasta pronto** see you soon
pronunciar to say, declare
propio/a *adj.* own; **en carne propia** in the flesh
proponer (*like* **poner**) to propose, offer; to suggest; **proponerse** to intend, plan
propuesta proposal, offer
protagonista *m., f.* protagonist, main character
proteger (**j**) to protect
protestar to protest, object
provecho: buen provecho enjoy your meal
provenir (*like* **venir**) to come from
provocar (**qu**) to arouse; to provoke
próximo/a next
proyección *f.* projection
proyectar to project
proyecto project
prueba proof; test; experiment
psicología psychology
psicólogo/a psychologist
psique *f.* psyche
psiquiatra *m., f.* psychiatrist
publicar (**qu**) to publish
publicidad *f.* publicity
publicitario/a advertising
público/a *adj.* public
pueblo town
puerta door
puesto position, job
punto point; **en punto** on the dot; **estar a punto de** + *inf.* to be about to (*do something*); **poner punto final** to finish
puro/a pure, sheer
púrpura purple

qué: ¿para qué? what for?; **¿por qué?** why?; **¿por qué diablos?** why the heck?; **¡qué horror!** that's horrible!; **¿qué le parece?** what do you think (about it)?; **¿qué pasó?** what happened?; **¿qué tal?** how are you doing?; how's it going?

quedar(se) to remain, stay; to be; to be left

quejarse to complain

quejido moan; whimper

quemarse to burn oneself

querer *irreg.* to want; to love; **querer decir** to mean

querido/a dear, beloved; my dear

quien who; whom

¿quién? who?; whom?

quitar to take away; **quitarse** to remove, take off; to go away

quizá, quizás maybe, perhaps

racismo racism

racista *m., f.* racist

rama branch

ramillete *m.* bouquet

ramo bouquet

rapidez *f.* speed

rápido/a fast

raro/a unusual; weird

rato short time, little while

rayo ray

raza race (*ethnic*)

razón *f.* reason; **con razón** with good reason; **tener** (*irreg.*) **razón** to be right

reaccionar to react

realidad *f.* reality; **en realidad** in fact, actually

realismo realism

realista: sitio realista web site

realizar (**c**) to fulfill, realize; to carry out

realmente really, truly

reanudar to resume

reaparecer (**zc**) to reappear

rebeldía rebelliousness

rebosante full, brimming

recapitulación summary, recapitulation

receptor *m.* receiver

rechazar (**c**) to reject; to refuse, push away

recibir to receive; to get; to earn; to accept

recién recently, newly

reciente recent, new; **el/la más reciente** the latest

recitar to recite

recomendar (**ie**) to recommend

recompensa reward

reconocer (**zc**) to recognize

recordar (**ue**) to remember

recuerdo memory

recuperar to regain

recursos means, (monetary) resources

red Internet, net; network

redondo/a round

reducir (*like* **conducir**) to reduce; to shrink

reemplazar (**c**) to replace

referencia reference

referirse (**ie, i**) **a** to refer to

reflejar to reflect

reflexionar (**sobre**) to reflect (on), meditate (on)

refresco soft drink

regalo gift

regañadientes: a regañadientes reluctantly, grudgingly

región *f.* region

regla rule

regresar to return, come back

regreso return, (*act of*) returning; **de regreso a** back to

reina queen
reino kingdom, realm
reinventar to re-create
reír(se) (i, i) to laugh
rejas bars (*usually wrought iron*)
relación *f.* relationship
relacionarse con to relate to
relatar to relate, narrate
relativo/a relative
relato story, narrative; account
releer (y) to reread
reloj *m.* clock
remedio: no hay remedio it's a lost cause; **sin remedio** hopeless, incurable
remontarse (a) to go/date back (to) (*time in the past*)
remotamente remotely
renacer (zc) to reappear
rendirse (i, i) to yield, give in
renuente reluctant
renunciar to renounce, give up
reñir (i, i) to quarrel
repente: de repente suddenly
repentino/a sudden
repetir (i, i) to repeat
repleto/a full, filled
reportaje *m.* article
reposar to lie (*rest on*)
representar to represent; to stand for
representativo/a representative
reprochar to reproach
repulsión *f.* repulsion
repulsivo/a repulsive
requerir (ie, i) to require
requisito requirement
rescatar to rescue
resentido/a resentful
reserva: sin reservas openly; willingly
residir to reside, live
resignado/a resigned

resistencia resistance
resistir to resist
resolver (ue) (*p.p.* **resuelto/a**) to resolve; to solve
resonar (ue) to resonate
respecto: (con) respecto a with respect to
respetar to respect
respeto *n.* respect
respetuoso/a respectful
respiración *f.* breathing; breath
respirar to breathe
responder to respond; to reply
responsabilidad *f.* responsibility
responsable responsible
respuesta answer, response
restaurante *m.* restaurant
resto rest, remainder
resucitar to bring back to life
resultado result
resultar to prove to be, turn out to be; to work out; to occur; to result
resumen summary
resumir to summarize
retener (*like* **tener**) to detain, hold back
retirar to draw back
retorcerse (ue) (z) to writhe
retórica rhetoric
reunirse to get together, meet
revelador(a) revealing
revelar to reveal
revisar to review, check
revista magazine
revolución *f.* revolution
rey *m.* king; **los Reyes Católicos** the Catholic Monarchs (Ferdinand and Isabella)
rezar (c) to pray
riachuelo little stream, rivulet
rico/a rich; tasty
ridículo/a ridiculous

riego irrigation
riendas reins
rima rhyme, poem
rincón *m.* (inside) corner; hangout
río river
ripios *m. pl.* rubble; shreds
risa laugh; laughter
ritmo rhythm
ritual *m.* ritual
rival *m., f.* rival
rizado/a curly
robar to steal, rob
rodear to surround
rodeo: andar (*irreg.*) **con rodeos** to beat around the bush
rodillas: de rodillas kneeling; **ponerse** (*irreg.*) **de rodillas** to kneel
rojo/a red
rol *m.* role
rollo mess; "head trip"; wild tale
romance *m.* romance
romántico/a romantic
romanticismo romanticism
romper (*p.p.* **roto/a**) to break (down); **romper con** to break with; to break up with
ron *m.* rum
ropa clothing
rosa rose; **novela rosa** romance novel
rosal *m.* rosebush
rostro face
rozar to graze, touch lightly
ruido noise
rumbo: sin rumbo aimlessly
rutina routine

sábado Saturday
saber *irreg.* to know; **saber** + *inf.* to know how to (*do something*)
sabor *m.* flavor

sabotear to sabotage
sabroso/a delicious
sacar (**qu**) to take/pull out; to get, obtain; **sacar a bailar** to invite to dance
sacrificarse (**qu**) to sacrifice oneself
sacudir to shake
sala living room
salir *irreg.* to go out; to leave; to come out; to emerge; **salir bien** to turn out fine; **salir con** to date, go out with
salón *m.* large room; reception room; **salón de baile** dance hall
saltar to jump
salto jump, leap; **dar** (*irreg.*) **saltos** to bound around
saludar to greet
saludos greetings
salvación *f.* deliverance, rescue
salvador(a) rescuer
salvar to save, rescue
sangre *f.* blood; **limpieza de sangre** ethnic purity
sarcasmo sarcasm
sarcástico/a sarcastic
satisfactorio/a satisfactory
satisfecho/a satisfied
seco/a dry; dried
secreto *n.* secret; **secreto/a** *adj.* secret
sector *m.* sector
seducir (*like* **conducir**) to seduce
seductor(a) seductive
seguida: en seguida at once, immediately
seguir (**i, i**) (**g**) to continue; to follow; to stay; **seguir** + *ger.* to continue to (*do something*); **seguir en pie** to still stand
según according to; as
segundo *n.* second (*time*)

segundo/a *adj.* second
seguridad *f.* security;
 dispositivo de seguridad
 safeguard, security device
seguro/a sure, certain
selecto/a select
semana week
semidesnudo/a half naked
sencillo/a plain, simple
sensación *f.* sensation, feeling
sensibilidad *f.* sensitivity
sentarse (**ie**) to sit down
sentencia sentence, judgment
sentido meaning; feeling; sense;
 sexto sentido sixth sense,
 intuitive power; **sin sentido**
 unconscious
sentimiento feeling; sensation
sentir(se) (**ie, i**) to feel; **lo
 siento** I'm sorry
señal *f.* sign, signal
señor (**Sr.**) *m.* Mr., sir; gentleman
señora (**Sra.**) Mrs.; lady
separación *f.* separation
separarse to separate
ser *irreg.* to be
ser *m.* being; **ser humano**
 human being
sereno/a calm; clear
serie *f.* series
serio/a serious; **en serio** seriously
servicio: prestar servicio to be
 of assistance/service; **servicio
 social** social service
servir (**i, i**) to serve; to be useful
sevillano/a of/from Seville
sexista *m., f.* sexist
sexo sex
sexto: sexto sentido sixth sense,
 intuitive power
sexualidad *f.* sexuality
siempre always
sien *f.* temple

siglo century; **por los siglos de
 los siglos** forever and ever
significado *n.* meaning
significar (**qu**) to mean
siguiente following; next
silencio silence; **guardar
 silencio** to remain silent
silencioso/a silent
silueta silhouette
símbolo symbol; icon
simpático/a nice, friendly, pleasant
simple simple (*not complex*)
simplemente simply, just
simplista simplistic
simulación *f.* simulation
sin without; **sin duda** without a
 doubt; **sin embargo** however,
 nevertheless; **sin firma** unsigned;
 anonymous; **sin parar** nonstop;
 sin remedio hopeless; incurable;
 sin reservas openly; willingly;
 sin rumbo aimlessly; **sin
 sentido** unconscious
sincero/a sincere
síndrome *m.* syndrome
sinfín *m.* great many, endless
 number
sinfónico/a symphonic
siniestro/a sinister
sino but (rather)
sinvergüenza *m., f.* scoundrel
siquiera: ni siquiera not even
sirviente/a servant
sistema *f.* system
sitio place, site; **sitio realista**
 web site
situación *f.* situation
sobre on; about; over; above;
 sobre todo especially
sobrehumano/a superhuman
sobrenatural supernatural
sobresalir (*like* **salir**) to stand out
sobrevivir to survive

social social; interpersonal;
  servicio social social service
sociedad *f.* society
sofisticado/a sophisticated
sol *m.* sun; **hacer** (*irreg.*) **sol** to
  be sunny
solamente only; alone
soldado soldier
soledad *f.* solitude
soler (**ue**) to be in the habit of,
  to usually (do); to tend to
solicitar to apply for
sólido/a solid, sound
solitario/a solitary
solo/a alone; single; **a solas** alone,
  in private; **solito/a** all alone
sólo only; **con sólo** + *inf.* just by
  (*doing something*)
solución *f.* solution
solucionar to solve
someter to subject
sonámbulo/a sleepwalker
sonar (**ue**) to play; to ring
sonido sound
sonreír (**i, i**) to smile
sonrisa smile
soñador(a) dreamer
soñar (**ue**) **con** to dream about
soportar to endure, stand
  (*something/someone*)
soporte (*m.*) **lógico** software
sorbo sip
sorprendente suprising
sorprender to surprise
sorpresa surprise
sospecha suspicion
sospechar to suspect
Srta. Miss
suave soft
subconsciente subconscious
súbito/a sudden, unplanned for
subjetivo/a subjective
subrutina subroutine

suburbio suburb
subvencionar to subsidize
subyugar (**gu**) to subjugate
suceso event
sucio/a dirty; dishonest; foul
sucumbir to succumb
sudor *m.* sweat
sueldo salary
suelo floor; ground
suelto/a loose
sueño dream; **con sueño** sleepy
suerte *f.* luck; **por suerte** luckily
suficiente sufficient
sufrimiento suffering
sufrir to suffer; to undergo
sugerencia suggestion
sugerir (**ie, i**) to suggest
suicidio suicide
suizo/a Swiss
sujeto individual
sumergido/a immersed
superstición *f.* superstition
supervisar to supervise
suplicante pleading
suplicio anguish; ordeal
suponer (*like* **poner**) to suppose
supuesto/a (*p.p. of* **suponer**)
  supposed; **por supuesto** of
  course
surgir (**j**) to arise, spring up
surrealista surrealist
suspenso suspense
suspirar to sigh
suspiro sigh
sustancial substantial, hard
susurrar to whisper

tabaco tobacco
tajante cutting, decisive
tal such (a); (a) certain; **¿qué
  tal?** how are you doing?; how's
  it going?; **tal como** just as, just
  the way; **tal vez** perhaps

talento talent
tamaño size
tampoco neither, (not) either
tan so; as; **tan... como** as . . . as;
tan sólo just
tanto *adv.* so much, as much;
tanto/a *n., adj.* so much; *pl.* so
many; *m.* little, bit; **por lo
tanto** therefore; **un día como
tantos** a day like any other
tapiz (*pl.* **tapices**) tapestry
tararear to hum
tardar to be late; to delay
tarde *n. f.* afternoon; evening; *adv.*
late; **más tarde** later; **tarde o
temprano** sooner or later
tarjeta card
tatarabuelo/a great-great-
grandfather/great-great-
grandmother
teatral theatrical
teatro theater; **hacer** (*irreg.*)
teatro to play act; **obra de
teatro** play
teclado keyboard
técnicamente technically
tecnología technology
tecnológico/a technological
tejano/a: pantalones (*m.*)
tejanos jeans
teléfono telephone
telepatía telepathy
telequinesia telekinesis
televisión *f.* television
televisor *m.* television set
tema *m.* theme, topic
temática theme, subject
temblar (**ie**) to tremble, shake
temblor *m.* tremor
temer to fear, be afraid
temporal of time
temprano early; **tarde o
temprano** sooner or later

tendencia tendency
tender (**ie**) to tend
tener *irreg.* to have; to be; **no
tiene nada de malo** there is
nothing wrong with . . .; **tener
confianza a** (**en**) to trust;
tener cuidado to be careful;
tener curiosidad to be
curious; **tener entendido** to
understand; **tener ganas de** +
inf. to feel like (*doing
something*); **tener hambre** to
be hungry; **tener lugar** to take
place; **tener miedo** to be
afraid; **tener pinta de** to look
like; **tener presente** to
remember; **tener que** + *inf.* to
have to (*do something*); **tener
que ver con** to have to do
with; **tener razón** to be right
tentación *f.* temptation
tenue dim
tercer, tercero/a *adj.* third; *n. m.*
mediator
terminal *f.* (computer) terminal
terminar to finish; to complete;
to end, come to an end;
terminar por + *inf.* to end up
(*doing something*)
terminología terminology
ternura tenderness
terremoto earthquake
terreno piece of land, plot
terror *m.* terror
testigo *m., f.* witness; onlooker
testimonio testimony, account
texto text
textura texture
tez *f.* complexion
tibio/a warm
tiempo time; while; **a tiempo** on
time; **hacer** (*irreg.*) **tiempo que**
to be quite a while that/since

tierno/a tender
tierra earth; land
timbre *m.* bell
típico/a typical
tipo type, kind, sort
tirado/a stretched out
tirar to throw
titular *n. m.* headline; *v.* to title
título title
tocar (**qu**) to touch; to knock
todavía yet; still
todo/a all, entire; every; **de todos
modos** in any case; **después
de todo** after all; **por todas
partes** everywhere; **sobre todo**
especially; **toda la noche** all
night (long); **todo el día** all
day (long)
tolerar to tolerate
tomar to take; to drink; to eat;
tomados/as de la mano
holding hands; **tomar
conciencia de** to become
aware of; **tomar en cuenta** to
take into account; **tomar una
decisión** to make a decision
tono tone
tontería stupid remark; nonsense
toque *m.* touch
tormenta storm
tortura torture, torment
torturar to torment
trabajar to work
trabajo work; job
tradición *f.* tradition
tradicional traditional
traducción *f.* translation
traducir (*like* **conducir**) to
translate
traductor(a) translator
traer *irreg.* to bring
tráfico traffic
tragedia tragedy

trágico/a tragic
trago drink
traje *m.* outfit
trampa trap
trance *m.* trance
tranquilidad *f.* calm, calmness
tranquilizarse (**c**) to calm down
tranquilo/a calm, tranquil
transformación *f.* transformation
transformar to transform
transmisión *f.* transmission
transmitir to transmit
transportar to transport
trapo: muñeca de trapo ragdoll
tras *prep.* after
trasfondo background
trasladarse to move, change place
traspatio backyard
tratar to treat; **tratar de** + *inf.* to
try to (*do something*); **tratarse
de** to be about
trauma *m.* trauma
través: a través de through; by
means of
travesía voyage, journey
treintaitantos thirty-some
triángulo triangle
tribu *f.* tribe
triste sad
tristeza sadness
triunfar to triumph
triunfo success
tropezar (**ie**) (**c**) to trip
truco trick
trueno thunder

ubicar (**qu**) to place
últimamente lately, recently
último/a last; final; latest; past
uno/a one; a; *pl.* some; a few;
una vez once
único/a only; **hijo único, hija
única** only child

unidad *f.* unit; **unidad principal** mainframe
unido/a close
unión *f.* marriage
unir to join
universidad *f.* university
universitario/a *adj.* (of the) university
urgente urgent
urgir (**j**) to be urgent
usar to use
usuario/a user
útil useful
utilizar (**c**) to use, utilize

vacante vacant
vacío *n.* void, space, emptiness
vacío/a empty; devoid
vagabundo/a wanderer
vagamente vaguely
valer *irreg.* to be worth; to be valuable; **vale** O.K., fine (*Sp.*); **valer la pena** to be worthwhile; **valer un ojo de la cara** to cost an arm and a leg
valiente valiant, brave
valioso/a valuable
valle *m.* valley
vampiresco/a *adj.* vampire, of vampires
vampiro *n.* vampire
variedad *f.* variety
varios/as several
vasco Basque
vecino/a neighbor
veinte: los años veinte the twenties
veloz swiftly
vena vein
vencer (**z**) to conquer
vender to sell
venganza revenge
vengar (**gu**) to avenge

vengativo/a vengeful, vindictive
venir *irreg.* to come; **venir a parar** to end up
venta sale
ventaja advantage
ventana window
ver *irreg.* (*p.p. visto/a*) to see; **a ver** let's see; **tener** (*irreg.*) **que ver con** to have to do with; **verse** to look, appear; to see oneself; to be seen
verano summer
verbo verb
verdad *f.* truth; **de verdad** really, truly
verdadero/a real, true
verde green; **verde olivo** olive green
verificable verifiable
verificación *f.* verification
verificado/a verified, authentic
verso verse, line of poetry; poetry
vértigo dizziness
vestido dress
vestir (**i, i**) to dress
vez (*pl.* **veces**) time; occasion; **a la vez** simultaneously; **a veces** sometimes, at times; **alguna vez** at some time, ever; **de vez en cuando** from time to time; **en vez de** instead of; **había una vez** once upon a time; **otra vez** again; **tal vez** perhaps; **una vez** once
viajar to travel
viaje *m.* journey, trip; **agente** (*m., f.*) **de viajes** travel agent
vicio vice
víctima victim
victoria victory
vida life; **vida nocturna** nightlife

viejo/a old; former; **viejos** old
  folks
viento wind
viernes *m. inv.* Friday
vigilado/a guarded
violeta violet
virus *m. inv.* virus
visión *f.* vision; sight
visitar to visit
vista view; **a primera vista** at
  first sight
vivencia personal experience
vivir to live; **modo de vivir**
  lifestyle
vivo/a alive
vocablo word, term
volante *m.* ruffle
volar (**ue**) to fly; to soar
volumen *m.* volume
voluntad *f.* will
voluntario/a volunteer

volver (**ue**) (*p.p.* **vuelto/a**) to
  return (*to a place*); **volver a +**
  inf. to (*do something*) again;
  volver loco/a to drive
  (someone) crazy; **volverse**
  loco/a to go mad, crazy
vómito: dar (*irreg.*) **vómito** to
  make sick to one's stomach
voz (*pl.* **voces**) voice
vuelta turn; **dar** (*irreg.*) **vueltas**
  to undergo changes, to twist
  and turn

ya now; by now; already; soon; **ya**
  no no longer; **basta ya** enough
yacer (*irreg.*) to lie

zapato shoe
zona zone
zumbar to whistle; to roar;
  to buzz

About the Author

Elías Miguel Muñoz is a Cuban American poet and prose writer. He has a Ph.D. in Spanish from the University of California, Irvine, and he has taught language and literature at the university level. He is coauthor of the textbook *Dos mundos* and the author of *Viajes fantásticos* and *Ladrón de la mente*, titles in *The Storyteller's Series* of Spanish readers. Dr. Muñoz has also published two books of literary criticism, four novels, and the poetry collections *En estas tierras / In This Land* and *No fue posible el sol*. His stories, memoirs, and essays have appeared in numerous anthologies of U.S. Latino literature. The latest work of fiction by Dr. Muñoz is the novel *Brand New Memory*. After living in California, Kansas, and Washington, D.C., the author decided to put down roots in New Mexico, where he resides with his wife and two daughters.